Karin Hohmann

Trainingsprogramm zur Steigerung der Lesekompetenz

3. Klasse

PERSEN

Die Autorin

Karin Hohmann studierte Lehramt für die Grund- und Hauptschule. Sie verfügt über langjährige Erfahrungen als Grundschullehrerin, insbesondere in den Bereichen Deutsch und Legasthenie.

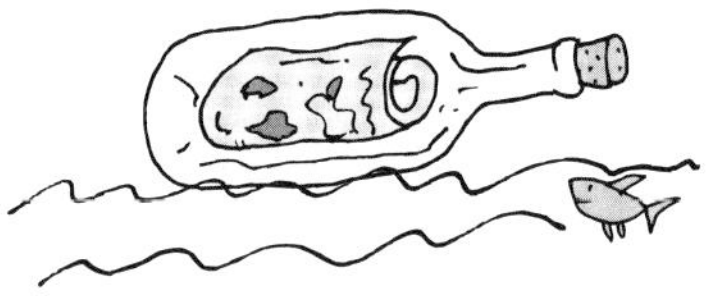

Gedruckt auf umweltbewusst gefertigtem, chlorfrei gebleichtem und alterungsbeständigem Papier.
Nach den seit 2006 amtlich gültigen Regelungen der Rechtschreibung.

1. Auflage 2011
© Persen Verlag
AAP Lehrerfachverlage GmbH

3. Auflage 2015
Persen Verlag , Hamburg
AAP Lehrerfachverlage GmbH

Illustrationen: Joachim Kühn
Satz: Grafik-Design Joachim Kühn, joek.de

ISBN 978-3-8344-3562-0
www.persen.de

Inhaltsverzeichnis

KARTON

Was bedeutet Lesekompetenz?

Lesekompetenz ist mehr als einfach nur lesen können. Es ist „die Fähigkeit, geschriebene Texte unterschiedlicher Art in ihren Aussagen, ihren Absichten und ihrer formalen Struktur zu verstehen und in einen größeren Zusammenhang einordnen zu können, sowie in der Lage zu sein, Texte für verschiedene Zwecke sachgerecht zu nutzen“ [1].

Lesekompetenz ist eine grundlegende Bedingung für die persönliche Weiterentwicklung, für den Erwerb von Wissen, für die Entwicklung der eigenen Fähigkeiten und für die Teilnahme am gesellschaftlichen Leben.

Ohne Lesen und Verstehen geht es nicht. Dabei sind es nicht nur fortlaufend geschriebene Texte, sondern sehr unterschiedlich dargestellte Informationen und sehr verschiedene Formen von Texten, die uns im Alltag, im schulischen und später im beruflichen Leben begegnen: Berichte, Geschichten, Kommentare, Argumentationen, Bilder, Karten, Tabellen, Diagramme, Zeichnungen – alle Formen enthalten Informationen, Mitteilungen oder Aussagen, sind zu verstehen, zu bewerten, fordern uns heraus, verlangen eine Reaktion oder müssen weiterentwickelt werden.

Lesekompetenz ist die Fähigkeit, diese unterschiedlichsten Text- und Darstellungsformen in ihren Absichten und ihrer formalen Struktur zu erfassen.
Um Lesekompetenz zu erwerben, müssen diese Anforderungen geschult und ständig erweitert werden.

Die Auseinandersetzung mit Sprache, die Erweiterung des Wortschatzes, das Erlernen von Fachbegriffen, das Vornehmen von Klassifizierungen, das Einordnen von Zeitabläufen, das Finden von Formulierungen, das Erkennen des Wesentlichen und das Ausschließen des Nebensächlichen sowie eine kritische Auseinandersetzung mit Inhalten gehören zu den wichtigsten Fähigkeiten.

Das vorliegende Buch knüpft in Form und Aufgabenstellung an den Band für die Klassenstufe 2 an. Unterteilt in elf Aufgabenbereiche, vom Leichten zum Schwierigen, unter Angabe von Lernschwerpunkten, mit Trainingsseiten für die Arbeit mit Wochenplänen oder für mehrtägige Hausaufgaben, liegen vielfältige Herausforderungen zur Verbesserung der Lesekompetenz in Jahrgangsstufe 3 vor. Die Lernkontrollen, die für jeden Bereich zur Verfügung stehen, helfen bei der Leistungsbewertung.

Am Lehrplan orientierte, altersgemäße Themen wecken Interesse, klare und übersichtliche Arbeitsanweisungen und Lösungsseiten unterstützen die selbstständige Bearbeitung.

[1] *(aus „OECD/ PISA, Zusammenfassung zentraler Befunde“, S. 10)*

Im Erzählkreis

Notiere bei jedem Kind den Vornamen.
Kreuze nur die Aussagesätze an, die zu den Sprechblasen passen.

◯ Julius hat drei Tore geschossen.

◯ Die Katze muss geimpft werden.

◯ Der kleine Hund von Tabea muss zum Tierarzt.

◯ Das Schwimmbad ist am Nachmittag geschlossen.

◯ Tim geht am Nachmittag ins Schwimmbad.

◯ Der Badesee ist Ziel der Radtour, die Julia machen möchte.

◯ Am Badesee kann man Boote ausleihen.

◯ Mama feiert ihren 38. Geburtstag.

◯ Heute hat die Mutter von Selina Geburtstag.

Wer spricht?

Ich brauche ein Pflaster.

Das hast du sehr gut erklärt.

Hilf mir bei dieser Aufgabe!

Wer kann mir ein Lineal leihen?

Vorsichtig, die Schere ist sehr scharf!

Ich bin der Beste in Mathematik.

Wer spricht? Notiere zu jedem Namen den passenden Satz und schreibe den Namen an die Sprechblase.

Timo fragt: ______________________________

____

Sven behauptet: ______________________________

____

Hanna lobt: ______________________________

____

Leon weint: ______________________________

____

Sandra warnt: ______________________________

____

Katrin bittet: ______________________________

____

Kinder sind verschieden

Melina ist acht Jahre alt und geht in die dritte Klasse. Ihr kleiner Bruder geht noch in den Kindergarten. Lasse ist in der gleichen Klasse wie Melina, er hat eine ältere Schwester und ist schon neun Jahre alt.
Melina kann Inliner laufen und Lasse ist ein guter Schwimmer. Er hat schon einmal einen Pokal gewonnen. Lasse liest gerne Kinder-Krimis. Melina hört lieber Musik. Jeden Tag muss Melina ihren Hund füttern und mit ihm spazieren gehen. Lasse hat eine Katze. Täglich setzt sie sich auf seinen Schoß und lässt sich streicheln. In den Ferien versorgen Oma und Opa die Katze. Melinas Hund fährt immer mit, wenn die Familie verreist.

1) Unterstreiche in rot, was du über Melina erfährst und in blau, was du über Lasse erfährst.
2) Kreuze nur die richtigen Aussagesätze an.

- ◯ Melina und Lasse sind gleich alt.
- ◯ Lasse geht in die dritte Klasse.
- ◯ Melina hat einen Bruder und Lasse eine Schwester.
- ◯ Melina kann nicht schwimmen.
- ◯ Lasse kann nicht Inliner laufen.
- ◯ Lasse ist ein guter Schwimmer.
- ◯ Melina kümmert sich um ihren Hund.
- ◯ Lasses Katze mag gerne von ihm gestreichelt werden.
- ◯ Oma und Opa haben auch eine Katze.
- ◯ Melinas Familie nimmt den Hund mit in den Urlaub.
- ◯ Lasse hört Musik, wenn er Kinder-Krimis liest.

Urlaubspost

- Leseseite -

Hallo Oma,
herzliche Grüße aus dem Urlaub. Wir wohnen in einem Wohnwagen. Zum Strand ist es nicht weit und ich habe auch schon einen netten Jungen kennengelernt. Gestern wehte ein kräftiger Wind und es waren tolle Wellen auf der Ostsee. Das Baden hat viel Spaß gemacht. Eine hohe Welle hat mich umgerissen und ich habe Salzwasser geschluckt. Schmeckte eklig!
Ich freue mich auf Morgen, denn wir fahren in einen Freizeitpark.

Liebe Urlaubsgrüße schickt dir Bastian

Liebe Mama,
unser Zug war pünktlich in Berlin, und nun sind wir in der Jugendherberge angekommen. Wir sind in einem 4-Bett-Zimmer untergebracht. Es ist nicht weit bis zur nächsten U-Bahn. Heute Nachmittag machen wir eine Stadtrundfahrt und heute Abend gehen wir ins 3D-Kino. Morgen beginnt unser Wettkampf schon um neun Uhr. Ich wünsche mir, dass wir nicht so schwere Gegner haben.
Grüß Papa von mir, Emily

Hey Tommy,
Papa und ich sind jeden Tag viel mit dem Fahrrad unterwegs und erkunden die Umgebung. Gestern waren wir auf einer alten Burg. Der Berg dort hinauf war so steil, dass wir das letzte Stück schieben mussten. Doch die Mühe hat sich gelohnt. Wir hatten eine tolle Aussicht und du glaubst gar nicht, wie die Leute damals lebten. Ich habe viel fotografiert und erzähle dir alles genau, wenn ich wieder zu Hause bin.

Bis bald, dein Freund Jonathan

Urlaubspost

3-Tage Training

Arbeitsseite

Kreuze alle richtigen Aussagen an.

○ Oma schreibt an Bastian. ○ Bastian schreibt an Oma.

Bastian ist ○ an der Nordsee ○ in den Bergen
○ an der Ostsee ○ im Freizeitpark

Er wohnt ○ im Wohnwagen weit weg vom Strand
○ im Zelt nicht weit weg vom Strand
○ im Wohnwagen in Strandnähe

○ Das Wasser ist salzig. ○ Die Sonne schien. ○ Der Wind war schwach.

Kreuze alle richtigen Aussagen an.

Emily reiste mit ○ der U-Bahn ○ dem Auto ○ dem Zug

Emily ist mit ihrer Handballmannschaft in Berlin.
○ richtig ○ falsch ○ steht nicht im Text

Emily ○ macht eine Stadtrundfahrt ○ geht ins 3D-Kino
○ nimmt an einem Wettkampf teil ○ hat schwere Gegner

Kreuze alle richtigen Aussagen an.

○ Jonathan fährt viel Fahrrad.
○ Er hatte einen Fahrradunfall.
○ Der Weg zur Burg war steil.
○ Nebel störte die gute Aussicht.
○ Er besichtigte eine Burg.
○ Er musste sein Rad schieben.
○ Er hat viele Fotos gemacht.
○ Die Karte ist für Tommy.

Jonathan will Tommy vom Urlaub genauer erzählen
○ über Leute, die er getroffen hat
○ über das Leben auf der Burg

 Ziel: Informationen erkennen und auswerten, textbezogen urteilen

Picknick im Park

Lernkontrolle

Sarah, Dirk, Gesine und Anton wollen am Wochenende im Park picknicken. Sie besprechen, was jeder mitbringen soll. Dirk hat eine große Decke, Pick-nick-Geschirr und einen Bollerwagen. Außerdem will er einen Fußball und das Federball-Spiel einpacken. Sarah bringt Äpfel und Möhren aus ihrem Garten mit. Anton will für Limonade sorgen und eine Tüte Chips einpacken. Gesine sagt: „Ich backe mit Oma Quarkbrötchen und nehme Käsewürfel mit." Die Kinder wollen sich am Samstag um 15 Uhr treffen. Hoffentlich scheint dann die Sonne.

1) Unterstreiche, was die Kinder zum Picknick mitnehmen.

___ / 11

2) Kreuze alle richtigen Antworten an.

◯ Vier Kinder planen ein Picknick.
◯ Dirk bringt nichts zum Essen mit.
◯ Sarah will für Getränke sorgen.
◯ Es soll auch Chips geben.
◯ Ein Kind will selbstgebackene Brötchen mitbringen.
◯ Am Samstag scheint die Sonne.

___ / 4

3) Entscheide. Kreuze an.

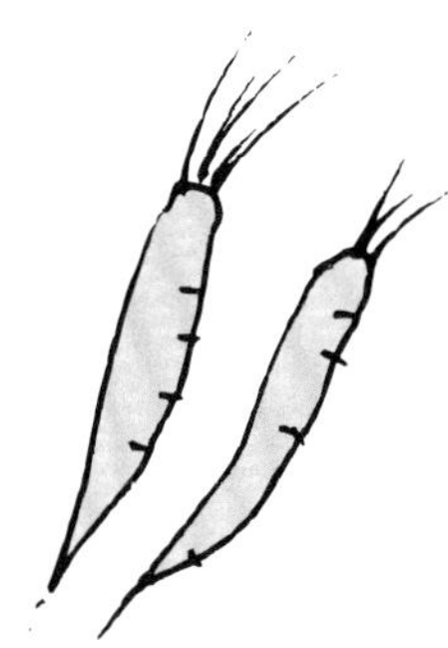

Die Kinder nehmen Essen, Getränke und auch Spielzeug mit.

◯ ja ◯ nein ◯ steht nicht im Text

Es gibt gelbe Limonade zum Trinken.

◯ ja ◯ nein ◯ steht nicht im Text

___ / 2

Das konnte ich 

Du hast ________ von 17 Punkten.

Wer ist Piet?

Piet feiert heute in seiner Lieblingsverkleidung ein Piratenfest. Zuerst zieht er das langärmelige T-Shirt und seine knielange Hose an. Danach bindet er sich einen Gürtel um und steckt den Dolch hinein. Nun steigt Piet in die bequemen Turnschuhe. Die Verkleidung ist fast perfekt. Piet muss nur noch das rechte Auge mit der Augenklappe verdecken. Zum Schluss hilft Mama ihm und bindet das Piratentuch um seinen Kopf – fertig! Leider kann Piet seine Piratenflagge nicht finden.

Wer ist Piet? Male den Gürtel rot an.

 Ziel: Bild- und Textinformationen erfassen und vergleichen, verbale Informationen im Bild wiedererkennen, Bilder mit unpassender Darstellung herausfiltern. Lösungsstrategie: Ausschlussverfahren

Hauptgewinn

Ein Losverkäufer hat einen großen Eimer in der Hand und ruft: „Lose! Lose! Hauptgewinn! Hol dir dein liebstes Kuscheltier! Mit einem Fünf-Sterne-Los kannst du dir eines von acht Stofftieren aussuchen. Jedes hat ein großes Namensschild, so weißt du gleich, wie dein neuer Liebling heißt. Schnuff hat lockiges, weißes Fell und Bruno kann brummen, wenn man ihn auf den Bauch legt. Karlo ist grau-weiß getigert und Schweini hat ganz glatte rosa Borsten. Hanno hat lange Schlappohren und Hasso bellt, wenn man seine rechte Pfote drückt, Kiki ist unser Küken und Eiko hat den buschigsten Schwanz.

1) Fülle die Namensschilder aus.
2) Notiere die Tiernamen und die Tierart im Heft.
3) Was fällt dir auf? Kreuze an.

◯ Alle Tiere haben vier Beine. ◯ Ein Tier hat einen Schnabel.
◯ Vorname und Tiername beginnen mit dem gleichen Anfangsbuchstaben.

Klassensprecherwahl

Heute wählt die Klasse 3a eine neue Klassensprecherin und einen neuen Klassensprecher. Diese Kinder stehen zur Wahl:

Susi steht ganz links, sie hasst Ungerechtigkeit.
Ganz rechts steht Tom, er wurde noch nie gewählt.
Neben Tom steht Lasse, er denkt immer nur an Fußball.
Das Mädchen neben Susi ist die hilfsbereite Malena.
Neben Malena hat sich der Streitschlichter Hannes hingestellt.
Die beste Rednerin der Klasse ist Luisa.

1) Schreibe zu jedem Kind den Namen.
Verbinde es mit der passenden Sprechblase.

2) Schreibe ins Heft, was die Kinder sagen.
Schreibe so: Susi sagt: „..."

 Ziel: Textinformationen erfassen und in die Bildabfolge einordnen (Namen notieren), gleiche Textinformationen in verschiedenen Aussagesätzen erkennen und zuordnen (Sprechblasen).

Einladung zur Theateraufführung

am: ____________ Beginn: __________ Ende: ________________

Schule: ____

Raum: __________________ Liebe Grüße: Klasse __________

Die Klasse 3b der „Grundschule am Stadtpark" plant für den 20. Mai eine Theateraufführung, die von 15.00 Uhr bis 17.30 Uhr in der Aula stattfinden soll. Im Kunstunterricht haben die Kinder Einladungskarten entworfen. Die Karte von Bea, Gero, Attila und Isabell gefiel allen am besten. Sie muss nun nur noch zu Ende beschriftet werden. Ganz oben im Balken soll mit großen roten Druckbuchstaben „Einladung zum Theater" stehen. Im unteren Kasten werden alle anderen wichtigen Angaben mit schwarz eingetragen.

1) Schreibe die fehlenden Angaben in die Einladungskarte.

Ziel: Textinformationen erfassen und in die Vorlage nach Anweisung an der richtigen Stelle eintragen (Schriftart, Farbe, Veranstaltungsinformationen, Schilder)

Einladung zur Theateraufführung

3-Tage Training

2) Lies genau und vervollständige die Einladungskarte, schreibe besonders sorgfältig und deutlich.

Die vier Strichmännchen von Bea, Gero, Attila und Isabell geben wichtige Informationen weiter:
Die erste Strich-Figur hält ein Schild über dem Kopf, darauf steht „Vorhang auf". Die zweite Figur schiebt drei Kisten, auf jeder steht ein Wort, liest man von oben nach unten erfährt man den Namen des Theaterstücks: „Hans im Glück". Auf dem kleinen Schild der nächsten Figur steht „2 €" auf dem größeren Schild steht „Eintritt". Das letzte Strichmännchen sitzt auf dem Karton mit der Aufschrift „Pause", dann folgen „Kuchen", „Getränke" und ganz oben steht „Eis".

3) Betrachte die Einladungskarte und prüfe die Sätze. Kreuze an.

	☺	☹	(?)
Die Schule heißt „Grundschule am Stadtwald".			
Das Theaterstück heißt „Hans hat Glück".			
Der Eintritt beträgt 2 €.			
Vier Kinder haben die Karte entworfen.			
Die Aufführung findet in der Turnhalle statt.			
Es sind nur Eltern und Lehrer eingeladen.			
Der Theaternachmittag soll um 17.30 Uhr enden.			
Die Klasse 3b hat eine Pause eingeplant.			
Eltern helfen beim Verkauf.			
Es gibt Kuchen und Getränke.			
Es gibt nur Sahnetorte und Limonade.			
Eis darf auch verkauft werden.			
Die Kinder bekommen viel Applaus.			

Ziel: Textinformationen erfassen und in die Vorlage nach Anweisung an der richtigen Stelle eintragen (Schriftart, Farbe, Veranstaltungsinformationen, Schilder), Aussagen mittels Bild- und Texthilfe bewerten

Freizeit in der Schule

Lernkontrolle

Handball, Fußball, Tischtennis, Pferde pflegen, Basteln, Töpfern – diese Kurse gibt es jedes Jahr im Nachmittagsprogramm der Schule. Doch in diesem Schuljahr stehen noch ganz andere Kurse auf dem Plan. Nun kann man tolle neue Angebote ausprobieren:

1) Trage die richtige Kursnummer zu jedem Bild ein. __/6

1. Umweltforscher
2. Akrobatik
3. Leseclub
4. Skateboard fahren
5. Kochen und backen
6. Chor

2) Male nach Anweisung. __/6

Die Lupe ist blau.
Schüssel und Kochtopf sind rot.
Die Kinder von Kursbild 6 haben blonde Haare.
Das Kind auf dem letzten Bild trägt ein rotes Piratenkopftuch.
Male der Akrobatin einen Ball auf die Füße.
Schreibe ein großes L auf das Buch vom Leseclub.

3) Male Kursbilder für die Angebote, die es an der Schule schon länger gibt. Schreibe den Kursnamen zum Bild.

__/12

Das konnte ich 

Du hast ____ von 24 Punkten.

Ziel: Bildinformationen erfassen und Textinformationen passend zuordnen, Bilder nach Anweisung ergänzen, Textaussagen in Bildaussagen umwandeln

Hundeposter

Bertold sammelt Tierposter. Heute hängt er neue Bilder von verschiedenen Hunden auf. Über den Schreibtisch kommt Kuschelhund Fiffi, der mit offenem Mund genauso überrascht guckt wie Ernie aus der Sesamstraße. Hasso fletscht die Zähne und sieht gefährlich aus, das Poster klebt Bertold außen an seine Kinderzimmertür. Der traurige Eddi und der schlafende Bello hängen nun direkt über dem Bett. Der freundliche Sammy mit den schwarzen Schlappohren ist etwas zerknittert, er bekommt seinen Platz über dem Bücherregal. Und was macht Bertold mit dem lachenden Anton? Er schenkt das Poster seiner Freundin Marlena.

1) Schreibe zu jedem Bild den Namen.
2) Kreise das Bild gelb ein, das Bertold verschenkt.
3) Warum hängt Bertold ein Poster nicht auf? Lies genau. Kreuze die richtige Antwort an.

- ◯ Es ist zerknittert.
- ◯ Es ist zu groß.
- ◯ Marlena bekommt es.
- ◯ Es ist kein Hund.
- ◯ Es gefällt ihm nicht.

4) An welchen Stellen hängen neue Poster? Kreuze an.

- ◯ neben dem Bett
- ◯ an der Schranktür
- ◯ über dem Bett
- ◯ über dem Schreibtisch
- ◯ über dem Bücherregal
- ◯ an der Kinderzimmertür, außen

5) Entscheide – richtig oder falsch?

	☺	☹
Alle Hunde schlafen.		
Nur ein Hund schläft.		
Ein Poster zeigt keinen Hund.		
Bertold sammelt Tierposter.		
Bertold hängt heute nur Hundeposter auf.		

 Ziel: Bildinformationen verstehen, Bild- und Sprachinformationen vergleichen und zuordnen (Tiermimik, Tiernamen, unpassendes Poster erkennen), Textaussagen wiedererkennen und bewerten

Bei „STOPP" ist stopp!

1) Betrachte das Bild und entscheide, ob der Satz zum Bild passt oder nicht. Kreuze an.

	☺	☹
Drei Jungen sind wütend und streiten.		
Zwei Jungen ballen die Fäuste.		
Zwei Jungen haben Streit miteinander.		
Der Junge in der Mitte will die anderen ohrfeigen.		
Die beiden streitenden Kinder könnten Zwillinge sein.		
Der Junge in der Mitte ist Streitschlichter.		
Jungen mit langen Haaren haben immer Streit.		
Der mittlere Junge trennt die streitenden Kinder.		
Auf dem Pulli steht „HALT".		
Ein Junge hat eine blutige Nase.		

2) Schreibe alle passenden Sätze in dein Heft.

3) Überlege, ob die Aussagen richtig oder falsch sind, kreuze an.

	☺	☹
Jungen haben immer Streit.		
Auch Mädchen streiten mit anderen Kindern.		
Streiten und vertragen gehören zusammen.		
Mit Fäusten kann man Streit lösen.		
Ein Streitschlichter soll helfen, Streit zu lösen.		
Ein Streitschlichter will immer nur streiten.		
Wer schreit, hat immer recht.		
„Stopp" soll bedeuten: „Sofort aufhören!"		

Ziel: Bildinformationen verstehen, Text- und Bildaussagen vergleichen und bewerten, einfache Schlussfolgerungen ziehen, Realitätsbezug zur eigenen Erfahrungswelt herstellen, Aussagen diesbezüglich überprüfen und bewerten

Das letzte Blatt

© Eckhard Lange

1) Das Bild heißt: Das letzte Blatt
Kreuze an, warum diese Überschrift zum Bild passt.

◯ Das letzte Blatt fällt vom Baum.
◯ Es gibt nur noch ein Blatt auf der Welt.
◯ Das letzte Blatt ist wertvoll.
◯ Das letzte Blatt soll auch noch ab.
◯ Jemand findet das letzte Blatt.

2) Nur sieben Sätze passen, um zum Bild eine kurze Geschichte zu erzählen.
Kreuze die richtigen Sätze an.

◯ Der Frühling lässt die ersten Blätter am Baum wachsen.
◯ Im Herbst haben die Männer der Stadtreinigung viel zu tun.
◯ Sie sind mit Besen, Harken und Mülltonnen unterwegs und fegen Laub und Äste zusammen.
◯ Es regnet und ein scharfer Wind bläst ihnen ins Gesicht.
◯ Hoch oben an einer alten Buche baumelt ein letztes Blatt.
◯ Die Männer laden Laub und Äste auf ihren Anhänger.
◯ Nun stehen zwei Männer ganz dicht nebeneinander.
◯ Die Leiter steht am höchsten Baum.
◯ Der dritte steht breitbeinig auf ihren Schultern.
◯ Lachend winkt er einem Spaziergänger zu.
◯ Der vierte bildet die Spitze der Männerpyramide.
◯ Doch, wie ärgerlich, so sehr er sich auch anstrengt, seine Hand kann das Blatt nicht erreichen.
◯ Hurra, nun kann er das letzte Blatt pflücken!

3) Schreibe die passenden Sätze in dein Heft.

4) Unterteile den Endlos-Satz, schreibe ihn in dein Heft. Was meinst du?
Gib eine Antwort auf die Frage.

SoeinUnfug,habendieArbeiterdennnichtsBesseres zutun,als eineMenschenpyramidezubauenundeinzelneBlätterzupflücken?

Hinweis für den Lehrer/die Lehrerin: Antwort muss zeigen, dass klar wird, dass dieses keine realitätsnahe Geschichte ist.

 Ziel: Text- und Bildaussagen vergleichen und passende Textaussagen auswählen, Realitätsbezug zur eigenen Erfahrungswelt herstellen und eine eigene Antwort notieren

Klettern

Bild 1 Bild 2 Bild 3

1) Der Zeichner nannte seine Bildergeschichte „Klettern", denn:

◯ Mutter und Sohn gehen Bergsteigen.
◯ Die Mutter hat Angst vor dem Klettern.
◯ Es passiert nichts beim Klettern, aber etwas passiert, weil der Sohn klettert.
◯ Der Sohn verletzt sich beim Klettern.

**2) Unterstreiche mit Blau, was der Sohn sagt und mit Rot, was die Mutter sagt.
Notiere, zu welchem Bild der Satz passt.**

Bild ________: „Oh nein! Was machst du denn da oben?"
Bild ________: „Guck mal, hier oben bin ich!"
Bild ________: „Hilfe, Hilfe, mein Sohn stürzt gleich ab!"
Bild ________: „Hallo Mama, gute Besserung. Die Blumen sind für dich!"
Bild ________: „Achtung, ich springe!"
Bild ________: „Oh, das ist ein toller Kletterbaum!"
Bild ________: „Halt dich gut fest, ich komme!"

**3) Was passiert zwischen Bild 2 und Bild 3?
Kreuze die passenden Sätze an.**

◯ Aus Angst um den Sohn achtet die Mutter nicht auf den Weg.
◯ Die Mutter klettert über den großen Stein.
◯ Sie stolpert über einen großen Stein und fällt hin.
◯ Sie holt die Feuerwehr, um den Sohn vom Baum zu retten.
◯ Die Mutter kann nicht mehr auftreten und muss ins Krankenhaus.
◯ Der Sohn stürzt und bricht sich den Arm.
◯ Sie hat sich den Fuß gebrochen und bekommt einen Gips.

**Zusatz: Schreibe die Geschichte auf.
Du kannst die Sätze von Aufgabe 2 und 3 zur Hilfe nehmen.**

Ziel: Bildaussagen erfassen und in wörtlicher Rede und Aussagesätzen wiedererkennen, einfache Schlussfolgerungen ziehen und passende Textaussagen zu nicht dargestellter Handlung finden (bildbezogenes Interpretieren)

Der letzte Apfel

4-Tage Training

Nummeriere die Sätze in der Erzählreihenfolge von 1–12 und schreibe die Geschichte in dein Heft.

- ◯ Nur ein letzter Apfel hängt noch weit oben an einem Ast.
- ◯ Es ist Oktober und der Apfelbaum hat kein einziges Blatt mehr.
- ◯ Aber den Apfel kann er auch mit dem Stock nicht ernten.
- ◯ Sie geben es auf, kehren dem Baum den Rücken zu und gehen davon.
- ◯ Der Vater rüttelt am Baum, aber der Apfel fällt nicht herab.
- ◯ Keiner sieht, dass der Apfel zu Boden fällt.
- ◯ Dann wirft der Sohn seinen Handstock nach dem Apfel.
- ◯ Nun hängen ein Apfel und ein Schuh im Baum.
- ◯ Doch der Apfel bleibt hängen und der Handstock trifft Vaters Kopf.
- ◯ Danach klettert Vater mit dem Stock in der Hand den Stamm hoch.
- ◯ Im nächsten Versuch wirft Vater seinen Schuh in Richtung Apfel.
- ◯ Mit dem Stock kann Vater schließlich den Schuh wieder herunterholen.

 Ziel: Handlungsablauf in bildlichen Informationen erkennen, bildbezogenes Interpretieren, einfache Schlussfolgerungen ziehen, Text- und Bildaussagen vergleichen und zuordnen

1) Schreibe die Geschichte in der richtigen Reihenfolge auf und setze sie dabei in die einfache Vergangenheit (Präteritum).

> Diese Verbformen helfen dir:
> blieb, fiel, fiel, gaben auf, gingen, hatte, hing, hingen, kehrten, kletterte, konnte, konnte, rüttelte, sah, traf, war, warf, warf

---

2) Betrachte die Bildgeschichte und bewerte die Aussagen mit richtig 🙂, falsch 🙁, unbekannt (?)

	🙂	🙁	(?)
Der Apfelbaum hat sehr viele Äpfel getragen.			
Der Vater hat eine Glatze und einen Schnurrbart.			
Nur der Vater versucht, den Apfel zu ernten.			
Nur der Sohn versucht, den Apfel zu ernten.			
Vater und Sohn versuchen beide, den Apfel zu ernten.			
Sie wollen sich den Apfel teilen.			
Der Vater wird wütend, als der Stock seinen Kopf trifft.			
Bei den Ernteversuchen bricht ein Zweig vom Apfelbaum ab.			
Der Sohn wirft keinen Schuh in den Baum.			
Ein Windstoß hat den Apfel vom Baum geweht.			

3) Schreibe die unbekannten Aussagen wie im Beispiel auf:

Ich weiß nicht, ob ...

Wer sagt was? Ordne die Sprechblasen den Personen zu.

Du hast nicht genug Kraft, um den Apfel vom Baum zu schütteln.

Halte dich fest, sonst fällst du gleich runter.

Und wie bekommst du nun deinen Schuh wieder?

Ich werde uns eine ganze Tüte mit Äpfeln kaufen.

Mit dem Schuh kann ich gut zielen.

Aua, du hast mich getroffen.

4) Schreibe ins Heft.
Der Vater schimpft / behauptet / verspricht: „..."
Der Sohn sagt / ruft / fragt: „..."

Bilder erzählen eine Geschichte

Lernkontrolle

Bild 1 Bild 2 Bild 3 Bild 4

1) Eine Überschrift passt besonders gut zur Geschichte. Kreuze sie an. __ / 1

○ Ein Mann und sein Hund ○ Gassi gehen

○ Das falsche Stöckchen ○ Oh Tannenbaum

2) Nummeriere die Sätze, sodass die Erzählreihenfolge stimmt. __ /7

○ Walter holt aus und wirft den Stock schön weit weg.

○ Waldi bringt einen Baumstamm mit Wurzeln und Baumkrone mit.

○ Walter spielt gerne mit seinem Hund Waldi Stöckchen holen.

○ Sofort saust Waldi los.

○ Er schnüffelt und schnüffelt und sucht sein Stöckchen.

○ Schwanzwedelnd gibt Waldi sein Stöckchen bei Herrchen ab.

○ Doch was ist das, das ist doch nicht der richtige Stock!

3) Betrachte die Bildgeschichte und bewerte die Aussagen mit passt ☺, passt nicht ☹, unbekannt ? __ /10

	☺	☹	?
Der Hund und sein Herrchen spielen gerne Stöckchen holen.			
Frauchen spielt auch mit.			
Der Hund ist ein Dackel.			
Der Mann versteckt den Stock hinter dem Rücken.			
Der Hund schnüffelt und sucht.			
Der Baum wurde von einem Arbeiter gefällt.			
„Hasso, das hast du gut gemacht."			
„Aber Waldi, du darfst doch keine Bäume ausreißen."			
Dieser Hund ist stärker als ein echter Hund.			
Waldi konnte sein Stöckchen nicht finden.			

4) Notiere die Bildnummer. ___ / 4

Bild _____ : Waldi schnüffelt und sucht das Stöckchen.
Bild _____ : Waldi schafft etwas Unmögliches.
Bild _____ : Das Stöckchen fliegt durch die Luft.
Bild _____ : Waldi springt vor seinem Herrchen hoch.

5) Schreibe die Sätze von Aufgabe 2 geordnet und in der Vergangenheit auf.

Diese Verformen helfen dir:
brachte, gab, holte, sauste, schnüffelte, schnüffelte, spielte, suchte, war, war, warf

Das konnte ich ☺ 😐 ☹

Du schreibst _____ von 59 Wörtern richtig.
Du erreichst _____ von 22 Punkten.

Ziel: Bildinformationen erkennen und durch Ordnen von Textaussagen wiedergeben, Erzählzeit verändern und Text abschreiben, einfache Schlussfolgerungen ziehen: Aussagen in Bezug auf die Bildergeschichte bewerten und/oder zuordnen

Auf dem Flohmarkt

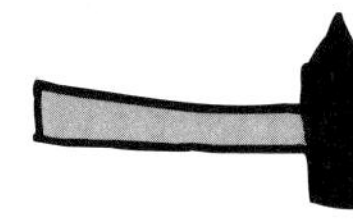

Heute findet wieder kein Flohmarkt im Stadtpark statt.
Schon am ganz späten Morgen bauen Mathilda und Papa alles auf. Der Marktstrand ist der Tapeziertisch von Oma und Opa. Papa will alte Bücher, Geschirr, Töpfe und Werkzeuge verlaufen. Mathilda sackt Puzzles, Spiele und Kinderkleidung auf den Tisch. Hoffentlich kommen wenige Leute und kaufen bei Papa und Mathilda. Wenn Mathilda Pech hat, nimmt sie genug Geld ein, um sich eine Digitalkamera zu kaufen.

1) Lies den Text, unterstreiche in jedem Satz ein falsches Wort, schreibe es auf und notiere das richtige Wort dahinter.

falsch ____________________ richtig ____________________

falsch ____________________ richtig ____________________

falsch ____________________ richtig ____________________

falsch ____________________ richtig ____________________

falsch ____________________ richtig ____________________

falsch ____________________ richtig ____________________

falsch ____________________ richtig ____________________

2) Schreibe den Text mit den richtigen Wörtern in dein Heft.

3) Vervollständige die Sätze mithilfe des Textes.

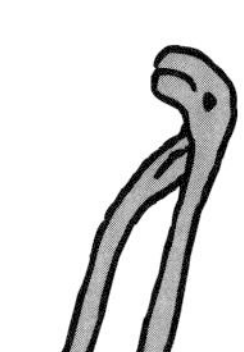

Papa und Mathilda besuchen einen ____________________.

Sie haben sich von Oma und Opa den ____________________ ausgeliehen.

Mathilda verkauft ____.

Mathilda möchte sich von den Flohmarkteinnahmen eine

____________________ anschaffen.

Ziel: Text kritisch lesen, Inhalt und Sprache überprüfen und bewerten, Fehlwörter durch passende Ausdrücke ersetzen, Informationen erkennen und wiedergeben

Tommis Schatzkiste

Tommi sammelt Schätze. Er hat einen großen Karton. Dort kommt alles hinein, was er als Erinnerung aufheben möchte:
Der kleine Steuerfein erinnert ihn an die Fommerserien im Leltzager. Die Fänsegeder hat er mit Tante Anni an der Sordnee gefunden, und auch die grüne Schlasgerbe lag am Strand. Die Wordseenellen haben die scharfen Kanten ganz glatt geschliffen. In Tommis Katzschiste liegen auch noch eine Kostparte, ein langer Findbaden, ein rostiges Steldgück und ein alter Schahrfein.

1) Lies den Text und unterstreiche alle falschen Wörter.

2) Schreibe auf, wie die Wörter richtig heißen müssen.

3) Schreibe den Text mit den richtigen Wörtern in dein Heft.

4) Male, was in der Schatzkiste liegt.
Beschrifte die Gegenstände.

Ziel: Text kritisch lesen, Inhalt und Sprache überprüfen und durch Erkennen der Fehlerstruktur richtige Nomen bilden. Fehlwörter verbessern, Informationen erkennen, zeichnen und notieren

Wie wird das Wetter?

Am Morgen endet der Tag mit überwiegend dichter Bewölkung. Im weiteren Tagesverlauf kommt es nie wieder zu Regenschauern und kurzen Gewittern. Starker Wind scheint aus nördlicher Richtung und die Sonne weht nur selten am Himmel. Erst am Nachmittag verschlechtert sich die Wetterlage. Die Sonne lässt sich seltener blicken und die Temperaturen sinken von 15° C auf 20° C. In der Nacht versteckt sich ein klarer Sternenhimmel.

1) Lies den Text aufmerksam und unterstreiche acht falsche Wörter. Die Sternchen helfen dir.

sinken weht versteckt nie endet scheint seltener verschlechtert

2) Schreibe die richtige Wettervorhersage in dein Heft, indem du die falschen Wörter ersetzt. Die Wörter in der Wolke helfen dir.

häufiger
immer zeigt weht scheint
verbessert
beginnt steigen

3) Wie wird das Wetter?

Bewerte die Aussagen mit richtig (r) oder falsch (f).

Für den Morgen wird Bewölkung vorhergesagt. ____
Es wird nicht regnen. ____
Mit Gewittern muss an diesem Tag gerechnet werden. ____
Der Wind kommt aus Richtung Norden. ____
Das Wetter ändert sich auch am Nachmittag nicht. ____
Abends kann man die Sterne am Himmel sehen. ____

Ziel: Sprache überprüfen und bewerten, Text kritisch lesen, Sachzusammenhänge erkennen und durch Auffinden und Ersetzen falscher Wörter einen sachlogischen Text erstellen, Aussagen textbezogen bewerten

Ich bin die Luft

Karte 1
Ich bin die Luft.
Mein bester Freund ist der Regen. Er pustet alles trocken.

Karte 2
Ich bin die Luft.
Meine Lieblingstiere sind die Fische. Ich trage sie durch die Welt.

Karte 3
Ich bin die Luft.
Ohne mich kannst du nicht leben.
Du brauchst meinen Stickstoff.

Karte 4
Ich bin die Luft.
Der Herbststurm zeigt dir meine Schwäche.

Karte 5
Ich bin die Luft.
Oft leide ich unter der Umweltsäuberung.

Karte 6
Ich bin die Luft.
Ich liebe den Mond, weil er mich wärmt.

1) Unterstreiche sechs falsche Wörter und notiere die richtigen.

1. ______________________ 2. ______________________

3. ______________________ 4. ______________________

5. ______________________ 6. ______________________

2) Schreibe nun die richtigen Aussagen in dein Heft.

3) Überprüfe die Aussagen und notiere, zu welcher Karte sie gehören.

Karte ______: Fabriken und Autoabgase verunreinigen die Luft.
Karte ______: Der Wind trocknet die Wäsche auf der Leine.
Karte ______: Herbststürme können Bäume entwurzeln.
Karte ______: Der Mensch braucht die Luft zum Atmen.
Karte ______: Vögel schweben durch die Lüfte.
Karte ______: Die Sonnenstrahlen erwärmen den Sommerwind.

Heinrich Hoffmann:

Die Geschichte vom fliegenden Robert

Wenn der Regen durchsaust,
wenn der Sturm das Feld niederbraust,
bleiben Mädchen oder Stuben
hübsch daheim in ihren Buben.
Robert aber dachte: sein!
Das muss draußen herrlich Nein!
Und im Felde patschet umher
mit dem Regenschirm er.

1) Immer zwei Reimwörter wurden vertauscht. Unterstreiche sie und schreibe die 1. Strophe richtig in dein Heft.
Zusatz: Lerne die 1. Strophe auswendig.

Hui, wie pfeift segelt der Sturm und keucht,
dass der Mond Baum sich niederbeugt!
Seht!, den Schirm erfasst der Wald Wind
und der Robert fliegt liegt geschwind
durch die Luft, so tief hoch, so weit.
Niemand hört ihn, wenn er schreit weint.
An die Wolken stößt er sie schon
und der Hut liegt fliegt auch davon.

2) In jede Zeile hat sich ein falsches Wort eingeschlichen, streiche es und schreibe die 2. Strophe richtig in dein Heft.
Zusatz: Lerne die 2. Strophe auswendig.

Schirm und Robert wandern dort
durch die Wolken immerzu.
Und die Mütze fliegt weit voran,
kommt zuletzt am Himmel an.
Wo der Sturm sie hingetragen,
ja, das weiß kein Tier zu sagen.

Wind der Hut
fliegen Mensch
immerfort stößt

3) Finde für die unterstrichenen Wörter die richtigen Begriffe aus dem Kasten und schreibe die 3. Strophe in dein Heft.
Zusatz: Lerne die 3. Strophe auswendig.

Ziel: Sprache prüfen und bewerten, Textaussagen erfassen und durch Vertauschen, Streichen oder Ersetzen ein Gedicht in den Originaltext verwandeln

Schule heute

Lernkontrolle

1) Lies genau und unterstreiche in jedem Satz ein falsches Wort. ___ / 8

Alle Kinder humpeln vom Pausenhof in den Klassenraum.
Die Schülerinnen und Schüler stellen sich auf ihre Stühle.
Lehrer und Kinder wünschen sich einen „schlechten Morgen".
Danach endet der Unterricht mit ganz verschiedenen Aufgaben.
In den Pausen darf nie gegessen und getrunken werden.
Das Toben und Spielen ist auf dem Schulhof verboten.
In vielen Schulen kann man ein Abendessen kaufen.
Häufig werden nachts Kurse angeboten.

2) Notiere das falsche Wort und finde ein passendes. ___ / 8

falsch ______________________ richtig ______________________

falsch ______________________ richtig ______________________

falsch ______________________ richtig ______________________

falsch ______________________ richtig ______________________

falsch ______________________ richtig ______________________

falsch ______________________ richtig ______________________

falsch ______________________ richtig ______________________

falsch ______________________ richtig ______________________

3) Streiche das falsche Wort, sodass ein passender Satz entsteht. ___ / 6

In den Gruppen muss leise laut gearbeitet werden.
Bei Partnerarbeit sollen die Kinder sich helfen stören.
Wer etwas nicht verstanden hat, ärgert fragt seinen Nachbarn.
Hausaufgaben sollten nie immer erledigt werden.
Im Gesprächskreis lassen wir jeden auspacken ausreden.
Hefte und Mappen gehören in die Schultasche Sporttasche.

Das konnte ich 

Du erreichst ___ von 22 Punkten.

Ziel: Sprache prüfen, Textaussagen auf der Grundlage eigener Erfahrungen erschließen, falsche Wörter finden, ersetzen oder streichen

Umweltschutz in der Schule

1) Verbinde Wörter mit ähnlicher Bedeutung.

1
Abfall
zügig
schmutzig
am Anfang
verursachen
vermeiden
mitmachen

2
schnell
Müll
erzeugen
sich beteiligen
verhindern
zu Beginn
dreckig

2) Lies und unterstreiche die Wörter aus Kasten 1 im folgenden Text. Achtung, manches Wort kommt mehrfach vor!

Umweltschutz in der Schule

In der Frühstückspause verursachen die Kinder der 3a stets viel Abfall.

Anschließend ist auch immer der Papierkorb voll und schmutzig.

„Wie können wir das vermeiden?“

Am Anfang haben die Kinder viel diskutiert.

Doch dann sammelten sie zügig verschiedene Vorschläge.

Mit Brotdosen und Mehrwegflaschen will die 3a Abfall vermeiden.

Auch die Klasse 3b möchte mitmachen.

3) Verändere den Text, indem du für die unterstrichenen Wörter die ähnlichen Begriffe aus Kasten 2 benutzt. Schreibe im Heft.

Umweltschutz in der Schule

In der Frühstückspause erzeugen …

 Ziel: Sprache prüfen und Wörter mit ähnlicher Bedeutung zuordnen, Texte durch Synonyme verändern.

Liebes Tagebuch

1) Lies den Text.

Liebes Tagebuch,

jetzt möchte ich dir ein Geheimnis anvertrauen.
Heute Morgen habe ich auf dem Bürgersteig ein Geldstück gefunden.
Es waren 2 €. Glaubst du, dass ich sie behalten darf?

Sie sind nun in meiner Schatzkiste.
Ich benötige nur noch 5 €. Dann kann ich Mama zum Geburtstag mit einem Blumenstrauß erfreuen. In zwei Tagen helfe ich Ronny beim Austragen der Zeitungen. Dafür bekomme ich stets etwas Taschengeld.

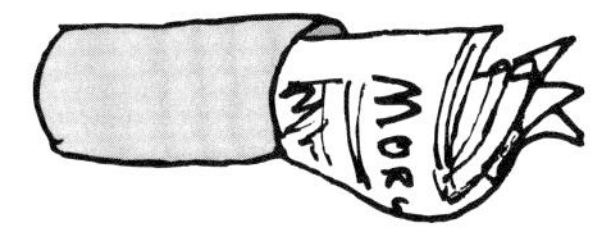

Johanna

2) Unterstreiche im Text die Wörter mit ähnlicher Bedeutung.

Mutti – Fußweg – nun – geliebtes – Schatztruhe – an diesem Morgen – denkst du – ich brauche – beglücken – übermorgen – immer – beim Verteilen – eine Münze – erhalte ich

3) Schreibe den Tagebuch-Eintrag mit den Wörtern von Aufgabe 2 auf. Unterstreiche diese Wörter.

Achte auf die Rechtschreibung und denke an die Großschreibung am Satzanfang.

<u>Geliebtes</u> Tagebuch,
<u>nun</u>

Sommerferien – Sommerurlaub

**1) Lies die Texte. Sie sind sehr ähnlich.
Unterstreiche die Wörter mit fast gleicher Bedeutung.**

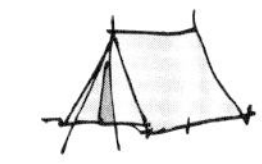

Text 1: Ferienwochen	Text 2: Ferientage
Familie Kramer verbringt die Sommerferien fast immer an der Nordsee. Alle schlafen dann auf einem Campingplatz im Wohnwagen. Nicht weit weg ist der Strand. Dort können die Kinder den ganzen Tag im Sand graben und Muscheln entdecken. Am Abend gucken sie sich mit Mama und Papa die Sterne am Himmel an.	Familie Kramer verlebt den Sommerurlaub meistens an der Nordsee. Alle übernachten dann auf einem Zeltplatz im Wohnwagen. Ganz nahe ist der Strand. Da können die Kinder den ganzen Tag im Sand buddeln und Muscheln finden. Am Abend sehen sie sich mit Mutti und Papi die Sterne am Himmel an.

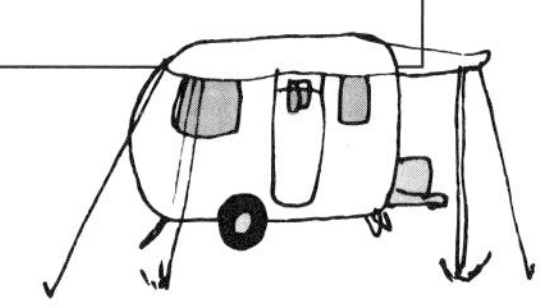

2) Notiere die Wörter paarweise.

1. ______________________ 1. ______________________

2. ______________________ 2. ______________________

3. ______________________ 3. ______________________

4. ______________________ 4. ______________________

5. ______________________ 5. ______________________

6. ______________________ 6. ______________________

7. ______________________ 7. ______________________

8. ______________________ 8. ______________________

9. ______________________ 9. ______________________

10. ______________________ 10. ______________________

11. ______________________ 11. ______________________

12. ______________________ 12. ______________________

13. ______________________ 13. ______________________

 Ziel: Sprache prüfen und für ähnliche Aussagen verschiedene Ausdrücke kennzeichnen und gegenüberstellen

Wunderliche Texte neu gestalten

2-Tage Training

Hilfe für die Hexe

Linda und Linus laufen durch den Wald.
Plötzlich steht eine kleine Hexe vor ihnen.
Die Hexe weint und weint. Linda sieht
die Hexe genau an. Ihr Zauberstock
ist zerbrochen. Linus schaut in Lindas Richtung
und denkt nach. Dann redet Linus mit der Hexe:
„Kennst du keinen Zauberspruch,
um deinen Stock zu reparieren?"
„Das ist eine gute Idee!",
antwortet die kleine Hexe fröhlich.

auf einmal
Zauberstab
heult
rennen
guckt
spricht
blickt
glücklich
Stab
überlegt
ein guter Einfall
winzige

1) **Unterstreiche die Wörter im Text, die eine ähnliche Bedeutung haben wie die Wörter im Kasten.**

2) **Schreibe den Text mit den neuen Wörtern ins Heft.**

Unheimlich

Auf der Burg Schreckenstein hausen Hoho und Huibui.
Diese zwei Gespenster geistern durch die Burgruine und erschrecken jeden, der in der Burg schläft. Sie lachen mit schrecklichen Stimmen und schwenken ihre Ketten hin und zurück. Ihre Hunde bellen laut. Jeder Gast flieht schnell aus der Burg, wenn die Nacht zu Ende ist.

1) **Unterstreiche die Wörter im Text, die eine ähnliche Bedeutung haben wie die Wörter im Kasten.**

2) **Schreibe den Text mit den neuen Wörtern ins Heft.
Achtung, manchmal musst du die Wörter verändern!**

beide – Geister – spuken – übernachten – furchtbar – gruselig – schwingen – hin und her – flüchten – vorüber – wohnen – eilig – kläffen

Janne träumt

Lernkontrolle

1) Verbinde die Wörter, die eine ähnliche Bedeutung haben.

sehr alt	schmökern
lesen	korrigieren
verbessern	uralt
schüchtern	unglaublich
ohne Inhalt	zurückhaltend
erstaunlich	leer

___ / 6

2) Notiere ein Wort mit ähnlicher Bedeutung.

leise sprechen ______________________

ein Gebäude ______________________

kuschelig ______________________

intelligent ______________________

___ / 4

3) Kreise die Wörter mit ähnlicher Bedeutung im Text ein und verbinde sie mit dem passenden Wort im Kasten.

___ / 7

hockte - verwandelte - schwebte

Janne hatte einen Traum. Eine Fee flog durch ihr Zimmer. Ein Zauberer verzauberte den Teddybären in einen Hund. Ein Gespenst saß auf dem Kleiderschrank. Ein Riese zertrampelte die Spielsachen und zehn Zwerge fraßen ihren Lieblingspullover auf. Zum Glück läutete der Wecker und verscheuchte den Traum.

klingelte - futterten - zertrat - vertrieb

4) Schreibe den Text mit den neuen Wörtern auf.

Das konnte ich

Du schreibst _____ von 45 Wörtern richtig.

Du erreichst _____ von 17 Punkten.

Ziel: Sprache prüfen und Wörter mit ähnlicher Bedeutung finden, Synonyme in Texten finden und Texte durch Synonyme verändern

Löwen

1) Lies den Text.

Löwen

Ein Löwe, so steht es im Lexikon, gehört zur Art der Katzen.
Er lebt, was viele nicht wissen, als einzige Katzenart in einem Rudel.
Kaum zu glauben, zu einem Rudel können drei bis 30 Tiere gehören.
Das männliche Tier, das weiß wohl jeder, trägt eine große Mähne.
Die Heimat der Löwen, das ist nicht der Zoo, das ist Afrika.
Löwen jagen, wie andere Raubtiere auch, meist bei Dunkelheit.
Aber auch in den kühlen Morgenstunden, so berichten die Experten, lauern Löwen ihrer Beute auf.
Zu den Beutetieren, die von vielen Menschen bedauert werden, gehören Antilopen, Gazellen, Gnus und Zebras.

**2) Du hast im Text oben Informationen über Löwen erhalten.
Streiche in jedem Satz den unnötigen Nebensatz weg.**

Beispiel:

Ein Löwe, ~~das weiß jedes Kind~~, ist ein Raubtier.

**3) Schreibe die gekürzten Sätze in dein Heft.
Prüfe, welche Kommas stehen bleiben.**

4) Prüfe am Text und bewerte die Aussagen mit richtig (r) oder falsch (f).

Abgesehen von den Löwen, leben Katzen nicht in Rudeln. ___

Zu jedem Rudel gehören 30 Tiere. ___

Die Heimat der Löwen ist Amerika. ___

Alle Löwen haben eine Mähne. ___

Löwen jagen zu jeder Tages- und Nachtzeit. ___

Löwen jagen Tiere, die größer sind als sie selbst. ___

Ziel: Text genau lesen, Sachinformationen heraussuchen, Nebensätze streichen, gekürzte Satzaussagen notieren, einfache Schlussfolgerungen ziehen durch textbezogene Bewertung

Mit der Klasse verreisen

Die Jungen und Mädchen der Klasse 3c sind schon ganz aufgeregt, denn sie wollen von Montag bis Freitag in einer Jugendherberge übernachten. Ohne ihren kleinen Kuschelhasen will Petra nicht verreisen. Im Unterricht haben sie besprochen, was jeder mitnehmen muss. Besonders wichtig sind feste Schuhe, denn sie planen eine lange Bergwanderung. Aber auch Handtuch und Badesachen dürfen sie nicht vergessen, denn es gibt auch einen Badesee. Direkt nebenan ist ein Bolzplatz, deshalb will Andreas nicht ohne seinen Fußball verreisen. Für die Nachtwanderung sollen alle Kinder eine Taschenlampe mitbringen.

1) Unterstreiche die Sätze mit Rot, die angeben, was jeder für die Klassenreise einpacken muss.

2) Unterstreiche die Sätze mit Blau, die angeben, was einzelne Kinder auf die Klassenreise mitnehmen möchten.

3) Notiere.

Alle Kinder brauchen: ______________________________,

______________________________, ______________________________

Das nimmt nur Petra mit: ______________________________

Das will Andreas einpacken: ______________________________

4) Kreuze an, was du aus dem Text erfährst.

◯ Die Klasse 3c macht eine Klassenreise.
◯ Die Klasse 3c fährt in ein Jugendhotel.
◯ Die Klasse 3c will wandern und baden.
◯ Die Klasse 3c plant ein Fußballturnier.
◯ Die Klasse 3c plant eine Nachtwanderung.
◯ Die Klasse 3c verbringt vier Nächte in der Jugendherberge.
◯ Zur Klasse 3c gehören Petra und Andrea.
◯ Zur Klasse 3c gehören Andreas und Petra.

 Ziel: Text genau lesen, Informationen heraussuchen und unterscheiden (allgemeine/individuelle Packhinweise), einfache Schlussfolgerungen ziehen durch textbezogene Bewertung

Buchvorstellung

Die Kinder der Klasse 3a haben von ihrem Lieblingsbuch eine Buchvorstellung erstellt. Heute ist Karsten an der Reihe. Das Buch ist aus der Reihe „Sonne, Mond und Sterne“. Es gehört zu seinen Lieblingsbüchern. Die Autorin heißt Kirsten Boie. Karsten hat noch mehr Bücher von ihr. Karsten hat das Buch mit dem Titel „King-Kong, das Zirkusschwein“ ausgewählt. Von der Handlung darf man in einer Buchvorstellung nicht viel verraten. Doch ein bisschen muss Karsten die Kinder der Klasse neugierig machen: Jan-Arne hat ein Meerschweinchen, das King-Kong heißt, und beim Schulzirkus wollen die beiden Kunststücke vorführen. Das Buch war spannend und witzig und die farbigen Bilder gefielen Karsten besonders gut.

Für die Buchvorstellung musste Karsten diesen Arbeitsbogen ausfüllen.
In die rechte Ecke malte er ein Meerschweinchen.

Name der Buchreihe: ______________________________

Autor/Autorin: ______________________________

Buchtitel: ______________________________

Über den Inhalt des Buches: ______________________________

____.

____

____

____

____

Das Buch war ◯ langweilig ◯ lustig ◯ witzig
◯ traurig ◯ spannend

Das gefiel mir besonders gut: ______________________________

Dieses Buch wurde vorgestellt von ______________________________

Kleinanzeigen

3-Tage Training

Anzeigen in Zeitungen kosten Geld. Je länger eine Anzeige ist, umso teurer wird sie. Deshalb steht in Anzeigen alles Wichtige nur in Stichworten.

Roller zu verkaufen, dunkelblau, gut erhalten, keine Kratzer, beide Reifen neu, Klingel und Bremse funktionieren, 30 €.

Wie könnten die folgenden Anzeigen lauten?
Streiche unnötige Wörter weg und schreibe eine Anzeige aus Stichworten wie im oberen Beispiel in dein Heft.
Trenne die Stichworte mit Kommas!

Anzeige 1 ____________________

Ich habe ein Fahrrad zu verkaufen. Es sieht schwarz-weiß aus und ist gut gepflegt. Außerdem hat es eine 5-Gang-Schaltung. Das Rad ist verkehrssicher. Das Fahrrad ist mit einem Gepäckträger und einem Fahrradständer ausgestattet. Es soll noch 50 € kosten.

Anzeige 2 ____________________

Wir haben drei Hundebabys zu verkaufen. Sie sind männlich. Es sind Schäferhundmischlinge. Sie werden nur an Tierliebhaber abgegeben. Die Hunde sind jetzt 9 Wochen alt. Die Tiere sind gesund und geimpft. Bei Interesse können Sie nach 18 Uhr unter folgender Telefonnummer nachfragen: 0173 – 4455990.

Anzeige 3 ____________________

Ich verkaufe eine neuwertige Reithose und Fußballschuhe, die kaum getragen wurden. Die Hose hat die Größe 134, fällt jedoch groß aus und soll nur 20 € kosten. Die Schuhe sind Größe 34 und die biete ich für 15 € an.

 Ziel: Text genau lesen, Informationen heraussuchen, unnötige Formulierungen streichen und den Inhalt in Stichworten wiedergeben

Wie Tiere sich bewegen

Lernkontrolle

Das Pferd von Bauer Schröder galoppiert über die Wiese.
Ein Storch, der sein Nest auf der alten Scheune hat, stolziert am Teich hin und her. Zwei Enten mit buntem Gefieder schwimmen im Wasser. Der genaue Beobachter sieht, wie ein Frosch ins Wasser hüpft. Ein kleiner Vogel fliegt auf den Zaunpfahl. Die schwarze Katze von Tina schleicht durch das Gebüsch. Ein Igel trippelt über den Sandweg. Und das Eichhörnchen hoch oben im Baum springt von Ast zu Ast.

1) Kürze die Sätze so, dass sie <u>nur</u> aussagen, wie die Tiere sich bewegen. Streiche dazu <u>alle</u> überflüssigen Wörter weg.

Das konnte ich ☺ 😐 ☹

Du erreichst ___ von 16 Punkten.

2) Schreibe die gekürzten Sätze auf.

Das konnte ich ☺ 😐 ☹

Du schreibst ___ von 24 Wörtern richtig.

Ziel: Text genau lesen, Informationen heraussuchen und überflüssige Textteile streichen.
Gekürzte Sätze fehlerfrei schreiben

Schule

Lies zuerst genau.

In der Schule - Schule früher - Früher und heute

◯ Schließlich saßen alle Kinder still und leise mit gefalteten Händen auf ihrer Bank.

◯ Im Klassenraum musste jeder gerade und leise an seinem Platz stehen bleiben.

◯ Zuerst stellten sich alle Kinder einer Klasse in ordentlichen Reihen auf dem Schulhof auf.

◯ Bevor die Kinder sich setzen durften, kontrollierte der Lehrer die Fingernägel.

◯ Dann wurden sie von ihrem Lehrer auf dem Hof abgeholt und in die Klasse geführt.

1) Nummeriere die Sätze, sodass die Reihenfolge stimmt.

2) Kreise die Überschrift ein, die am besten zum Text passt.

3) Schreibe den Text mit Überschrift geordnet in dein Heft.

4) Prüfe <u>am Text</u> und entscheide.

	☺	☹	?
Wenn es klingelte, gingen die Kinder in ihren Klassenraum.			
Jede Klasse wurde von ihrem Lehrer auf dem Hof abgeholt.			
Heutzutage kontrolliert der Lehrer auch die Fingernägel.			
Die Kinder falteten die Hände im Unterricht.			
Wer nicht leise war, wurde hart bestraft.			
In einer Klasse saßen oft über vierzig Kinder.			

 Ziel: Informationen erfassen und in eine textlogische Reihenfolge bringen, einfache Schlussfolgerungen ziehen, Aussagen prüfen und textbezogen bewerten

Fragen an Uroma

Clara möchte wissen, wie es war, als Uroma zu Schule ging.

Wie sahen die Schulmöbel aus? Wie viele Kinder gingen in eine Klasse? Hast du neben einem Jungen oder einem Mädchen gesessen? Waren die Lehrer streng? Durftest du einen Tintenkiller benutzen? Wo hielt der Schulbus? Hast du auch mal gefehlt?

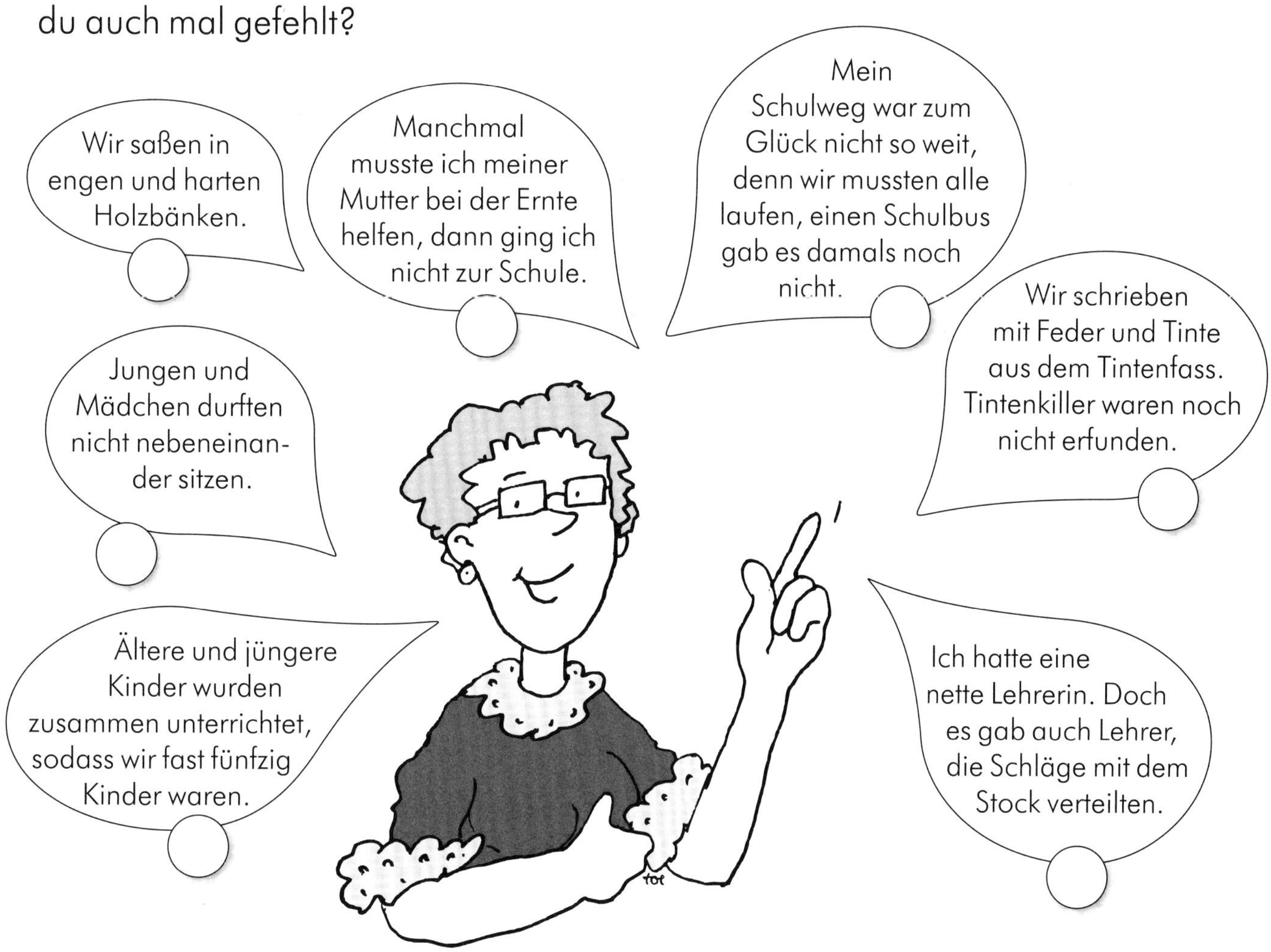

1) Nummeriere die Sprechblasen, sodass die Fragen von Clara der Reihe nach beantwortet werden.

2) Schreibe Uromas Antworten geordnet in dein Heft.
Beginne so: Uroma erzählt: „…“

Gereimte Jahreszeiten

die sommerliche Sonne scheint warm und oft.

Der Frühling ist die frühste Jahreszeit,

____

Dann ______________________________

____

kommt der Sommer und ein jeder hofft,

Im Herbst reifen Äpfel, werden knackig und rund

____

Wenn im Winter der Schnee vom Himmel fällt,

____

und die Blätter der Bäume leuchten herbstlich bunt.

da leuchten Krokusse und Schneeglöckchen weit und breit.

erhellen glänzende Kristalle die dunkle Welt.

1) Vervollständige das Gedicht.

2) Schreibe die Reimpaare auf.

Jahreszeit - ________________

________________ - ________________

________________ - ________________

________________ - ________________

3) Kreuze alle Sätze an, die Aussagen des Gedichtes wiedergeben.

◯ Schneeglöckchen blühen im Frühjahr.

◯ Alle wünschen sich einen schönen, warmen Sommer.

◯ Im Herbst werden auch Pflaumen und Birnen reif.

◯ Der Winter ist eine dunkle Jahreszeit.

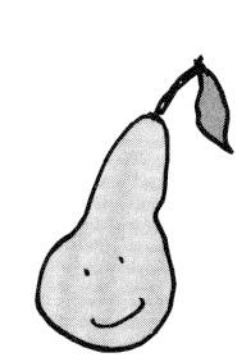

Ziel: Informationen erfassen, eine textlogische Gedichtreihenfolge erstellen, Sprache untersuchen (Reime notieren), einfache Schlussfolgerungen ziehen (Aussagen ankreuzen)

Ein Tier als Geschenk

Lies die Sätze aufmerksam.

Anton hat Geburtstag - Falsches Futter - Beim Tierarzt

◯ Leider bekam auch Struppi ganz viel Kuchen zu fressen.
◯ Das schönste Geschenk war der kleine Hund Struppi.
◯ Abends ging es dem Hund schlecht und er musste zum Tierarzt.
◯ Am Nachmittag kamen drei Kinder zur Geburtstagsfeier.
◯ Letzte Woche feierte Anton seinen achten Geburtstag.
◯ Zum Glück erholte sich Struppi bald wieder.
◯ Von nun an bekam er nur noch Hundekuchen als Leckerli.
◯ Sie aßen Torte und Kekse.
◯ Der Tierarzt schimpfte mit Anton, weil Hunde keine Torte essen dürfen.

1) Schreibe Zahlen vor die Sätze, sodass eine kleine Geschichte entsteht.

2) Welche Überschrift passt am besten? Kreise sie ein. Begründe.

3) Vervollständige die Sätze.

Der Hund heißt ____________.
Das Geburtstagskind heißt __________________ und wird _______ Jahre alt.
Am Nachmittag feiern insgesamt _______ Kinder zusammen.
Es geht dem Hund schlecht, weil ____

4) Notiere, was der Tierarzt zu Anton sagen könnte.

5) Schreibe die geordneten Sätze in dein Heft.

Ziel: Informationen erfassen, wiedergeben und in eine textlogische Reihenfolge bringen, einfache Schlussfolgerungen ziehen

Fernsehen – Zeitung – Handy

3-Tage Training

Lies die Sätze, nummeriere sie und schreibe sie in der richtigen Reihenfolge ins Heft.

Eine Stunde ist genug

◯ Doch diese meint:
◯ denn er hat schon eine Stunde am Computer gespielt.
◯ Nun ist er böse auf seine Mutter.
(1) Heute darf Jesse kein Fernsehen gucken,
◯ Jesse antwortet nicht. Er geht in sein Zimmer und liest.
◯ „Zu viel Fernsehen oder Computerspielen schadet dir!"

Zeitung zum Frühstück

◯ in aller Ruhe die erste Seite.
◯ Zuerst nimmt Papa morgens die Zeitung aus dem Briefkasten.
◯ beißt vom Marmeladenbrot ab.
(2) Dann setzt er sich an den Küchentisch und liest
◯ Zuletzt trinkt er seinen Kaffee und
◯ Anschließend guckt er auf die Wettervorhersage
◯ und schlägt die Sportnachrichten auf.

Ohne Handy

◯ Wahrscheinlich nicht!
◯ Kannst du dir eine Welt ohne Handy vorstellen?
(3) Doch als Oma ein Kind war,
◯ sondern jedes Telefon hatte seinen festen Platz.
◯ wo der Telefonanschluss war.
◯ Telefonieren war teuer, deshalb
◯ gab es noch keine Handys und keine mobilen Telefone,
(6) Du musstest beim Telefonieren dort stehen bleiben,
◯ galt der Satz: „Fasse dich kurz!"

Tipp: Der Text beginnt mit einer Frage.

 Ziel: Informationen erfassen und in eine textlogische und sprachlich einwandfreie Reihenfolge bringen, geordnet und fehlerfrei abschreiben.

Pflanzen vermehren

Lernkontrolle

Grünlilien haben lange, schmale Blätter,
die meist grün-weiß aussehen.
An Omas Grünlilien wachsen viele Ableger an
langen, dünnen Trieben.
So vermehren Olli und Opa die Grünlilien:

1) Nummeriere die Sätze so, dass die Reihenfolge stimmt. ___ / 10

- ◯ den Ableger vorsichtig im Topf fest.
- ◯ Zuerst schneidet Olli einen Ableger mit einer Schere ab.
- ◯ Zuletzt gießt Olli die junge Pflanze
- ◯ Wenn sich kleine, weiße Wurzeln gebildet haben,
- ◯ und stellt sie ins Küchenfenster.
- ◯ kann man den Ableger in die Erde setzen.
- ◯ Olli füllt einen kleinen Blumentopf zur Hälfte mit Erde.
- ◯ füllt mehr Erde in den Topf und drückt
- ◯ Dann stellt er ihn für einige Tage in ein Glas mit Wasser.
- ◯ Nun setzt Opa den Ableger in die Mitte,

2) Prüfe am Text, lies genau und streiche falsche Wörter weg. ___ / 10

Die Blätter von Grünlilien sind lang kurz und schmal breit.
Sie sehen immer meist grün-gelb grün-weiß aus.
Omas Grünlilien haben viele Ablagen Ableger.
Ableger wachsen an langen Trieben Treiben.
Opa Olli benutzt eine Schere.
Es dauert einige Stunden Tage, bis sich Wurzeln bilden.
Oma Olli füllt Erde in den Blumentopf.
Opa Oma drückt die junge Pflanze im Topf fest.
Olli gießt duscht die Pflanze mit Wasser.
Der neu bepflanzte Topf hängt steht vor dem Küchenfenster.

Das konnte ich ☺ 😐 ☹

Du erreichst ___ von 20 Punkten.

Ziel: Informationen erfassen und in eine textlogische und sprachlich einwandfreie Reihenfolge bringen, einfache Schlussfolgerungen ziehen, Aussagen textbezogen bewerten und sprachlich einwandfrei darstellen

Conni geht auf Klassenfahrt

„Es bleibt dabei?“, fragt Nina vor der ersten Stunde. „Wir gehen zusammen in ein Zimmer.“ „Aber klar doch“, lacht Conni. „Du, Serafina, Anna und ich. Das haben wir doch schon längst abgemacht!“ „Also Hand drauf“, meint Serafina …
„Ist das nicht wahnsinnig? Wir wohnen in einer echten Burg!“ Conni kann es gar nicht erwarten, bis sie Montag endlich auf Klassenfahrt gehen …

„Ich bin Graf von Greifstein“, begrüßt sie der Herbergsvater.
„Ein echter Graf?“, staunt Conni.
„Das hast du doch gehört!“, will Nina sagen, aber stattdessen presst sie wieder nur fest die Lippen zusammen.
„Ja, ich bin ein echter Graf“, lächelt Herr von Greifstein. „Und meine Vorfahren haben immer schon hier auf der Gundelburg gewohnt. Ursprünglich hieß die Burg wie wir: nämlich Burg Greifstein. Aber seit vielen hundert Jahren nennt man sie nur noch die Gundelburg. Warum das so ist?“ Graf von Greifstein schaut geheimnisvoll in die Runde …

Julia Boehme

Bewerte die Aussagen mit passt ☺, passt nicht ☹, unbekannt ?.
Lies dazu im Text genau nach.

	☺	☹	?
Conni, Anna, Serafina und Nina gehen in eine Klasse.			
Die vier Mädchen haben keine feste Abmachung.			
Mit „Hand drauf“ meint Serafina „fest versprochen“.			
Das Ziel der Klassenreise liegt auf einem hohen Berg.			
Am Mittwoch beginnt die Klassenfahrt.			
Der Herbergsvater heißt Graf von Gundelburg.			
Herr von Greifstein lebt in der Burg seiner Vorfahren.			
Früher hieß die Burg anders als heute.			
Burg Greifstein hieß früher einmal Gundelburg.			
Die Burg hat den heutigen Namen seit sehr langer Zeit.			
Graf von Greifstein sieht die Kinder geheimnisvoll an.			

 Ziel: Kinderliteratur kennenlernen, Text gründlich lesen, Informationen in anderen Formulierungen wiedererkennen, einfache Schlussfolgerungen ziehen und Aussagen bewerten

Samstag, der 5. Mai

„Die Polizei!“, sagte das kleine Wesen. „Ihr glaubt doch nicht, dass die Polizei weiß, wie ich heiß.“
„Aber ich weiß es vielleicht“, platzte Herr Taschenbier heraus. Mit einem Mal war ihm ein Gedanke gekommen. Wie war das doch gewesen: am Sonntag Sonne, am Montag Herr Mon, am Dienstag Dienst, am Mittwoch Wochenmitte, am Donnerstag Donner, am Freitag frei und heute war Samstag.
Am Samstag Sams! Das war’s!
„Du bist bestimmt ein Sams!“, sagte er entschieden…
„Wie hast du das herausgefunden? Woher weißt du, dass ich ein Sams bin?“ fragte es kleinlaut.
„Man muss nur logisch denken können – wie ein Privatdetektiv“, sagte Herr Taschenbier und sah sich stolz um.

Paul Maar

Bewerte die Aussagen mit passt ☺, passt nicht ☹, unbekannt (?).
Lies dazu im Text genau nach.

	☺	☹	(?)
Die Polizei soll ein kleines Wesen retten.			
Herr Taschenbier platzte.			
Herr Taschenbier hatte plötzlich einen Einfall.			
Er spricht über alle sieben Wochentage.			
Das „Ereignis“ am Mittwoch ist etwas Besonderes.			
Herr Taschenbier glaubt: Am Samstag kommt das Sams.			
Bisher wurde nicht verraten, was ein Sams ist.			
Ein Sams kann schnell laufen und gut hören.			
Das Sams wundert sich, als jemand seinen Namen sagt.			
Herr Taschenbier ist Privatdetektiv.			
Herr Taschenbier behauptet, logisch denken zu können.			

So sieht das Sams aus.
Male es an.

Kurze rote Haare, blauer Anzug mit gelben Streifen, rosa Hautfarbe mit blauen Punkten im Gesicht und eine Nase wie ein Schweinerüssel.

Zottelkralle

Zottelkralles Höhle lag gut versteckt unter einem alten Gartenschuppen. Direkt neben der von Stinkefell und Trüffelzahn. Für den Haupteingang hatte Zottelkralle drei Holzbretter im Schuppenboden gelockert. Und neben der Schuppentür, sorgfältig verborgen zwischen einem hohen Brennnesselwald, lag der Notausgang. Denn Zottelkralle war ein Erdmonster und Erdmonster sind vorsichtige Wesen.
In Zottelkralles Höhle roch es nach Regenwürmern und Tausendfüßlern – wie bei allen Erdmonstern. Aber der Höhlenboden war mit weichen Menschenpullovern gepolstert …
Zottelkralles Nachbarn Stinkefell und Trüffelzahn kamen ihn nur sehr ungern besuchen …
„Mit dir wird es noch ein schlimmes Ende nehmen!“, sagte Trüffelzahn.
„Du stinkst schon wie ein Mensch. Pfui Mäusedreck!“

Cornelia Funke

Bewerte die Aussagen mit passt ☺, passt nicht ☹, unbekannt (?).
Lies dazu im Text genau nach.

	☺	☹	(?)
Erdmonster leben in Höhlen.			
Die Höhlen sind groß und haben mehrere Zimmer.			
Zottelkralle, Stinkefell und Trüffelzahn leben im gleichen Garten.			
Zottelkralles Höhle hat drei Eingänge.			
Erdmonster sind vorsichtige Wesen.			
Stinkefell kam gerne zu seinem Nachbar Zottelkralle.			
Trüffelzahn mag den Geruch von Menschen gar nicht.			
In Erdhöhlen riecht es nur nach Regenwürmern.			
Zottelkralle hat einen gepolsterten Höhlenboden.			
Zottelkralle hat Menschenpullover geklaut.			
Es kann nicht gut gehen, wenn Erdmonster wie Menschen riechen.			

 Ziel: Kinderliteratur kennenlernen, Text gründlich lesen, Informationen in anderen Formulierungen wiedererkennen, einfache Schlussfolgerungen ziehen und Aussagen bewerten

Hungriger Kasperl

Nachdem Kasperl drei Eimer Kartoffeln geschält hatte, machte er eine Pause. Er legte das Messer weg, wischte sich die nassen Hände an den Hosen ab und ging nachsehen, was es in Zauberer Zwackelmanns Speisekammer zu essen gab. Denn es musste bald Mittag sein und er hatte Hunger. Gleich vorn in der Speisekammer fand er ein Fässchen mit Salzgurken.
„Sauer macht lustig!", dachte er, „also ist das die richtige Medizin für mich!"
Er verzehrte drei Salzgurken. Danach fühlte er sich bedeutend leichter und kostete nacheinander von den verschiedenen Marmeladen, die Topf an Topf im Regal standen. Dann trank er ein Gläschen Buttermilch und schließlich schnitt er sich eine Scheibe Salami ab. Denn auch Würste und Schinken gab es in Zwackelmanns Speisekammer, vielerlei Würste in jeder Länge und Dicke. Sie baumelten von der Decke herab, er brauchte bloß zuzugreifen. „Wie im Schlaraffenland!", dachte Kasperl.

Otfried Preußler

Bewerte die Aussagen mit passt ☺, passt nicht ☹, unbekannt (?).
Lies dazu im Text genau nach.

	☺	☹	(?)
Kasperl hat in der Schule gerade Pause.			
Kasperl sitzt in einer Speisekammer und schält Kartoffeln.			
Kasperl ist im Schlaraffenland.			
Er sitzt in der Speisekammer von Zauberer Zwackelmann.			
Kasperl muss noch mehr Kartoffeln schälen.			
Kasperl isst drei Kartoffeln, weil er Hunger hat.			
In den Töpfen im Regal ist Erdbeer- und Kirschmarmelade.			
Die Salzgurken werden in Fässern gelagert.			
Kasperl trinkt Buttermilch und schneidet Schinken ab.			
In der Speisekammer gibt es Würste und Schinken.			
Kasperl probiert die Salami.			
Kasperl weiß nicht, was dort von der Decke herabbaumelt.			
Es wird nicht erzählt, wie Kasperl hierhergekommen ist.			

Ronja Räubertochter

4-Tage Training

Leseseite

Der Räuberhäuptling Mattis wird Vater. Er lebt mit seiner Frau Lovis und seinen Räubern in einer Räuberburg. Diese heißt Mattisburg und steht auf dem Mattisberg.

In der Nacht, als Ronja geboren wurde, rollte der Donner über die Berge, ja, es war eine Gewitternacht, dass sich selbst alle Unholde, die im Mattiswald hausten, erschrocken in ihre Höhlen und Schlupfwinkel verkrochen …
„Ich habe ein Kind gekriegt! Hört ihr, was ich sage? Ich habe eine Kind gekriegt!“ … „Eine Räubertochter, juchhe und juchhei! Eine Räubertochter. Hier kommt sie!“ … Die Tochter lag in seinem Arm und guckte ihn mit wachen Augen an.

„Darf ich sie mal ein bisschen halten?“, bat Glatzen-Per. Und Mattis legte ihm Ronja in die Arme, als wäre sie ein goldenes Ei. „Hier hast du den neuen Räuberhauptmann, von dem du so lange gefaselt hast. Lasse sie aber nicht fallen, denn dann hat deine letzte Stunde geschlagen.“ Aber Glatzen-Per lächelte Ronja mit seinem zahnlosen Mund nur an.

Borka, das war der Erzfeind, so wie Borkas Vater und Großvater die Erzfeinde von Mattis' Vater und Großvater gewesen waren. Ja, seit Menschengedenken hatten sich die Borka-Sippe und die Mattis-Sippe in den Haaren gelegen. Räuber waren sie allesamt seit Urzeiten gewesen und der Schrecken aller ehrbaren Leute, die mit Pferd und Wagen voller Lasten durch die tiefen Wälder ziehen mussten, wo die Räuber hausten.

Einige Jahre später:
„Alle Borkaräuber sind Hosenschisser, die ganze Rotte“, sagte Glatzen-Per und darin stimmten ihm alle zu. Ein Glück, dass die Mattisräuber so viel besser sind, dachte Ronja. Sie sah ihnen zu, wie sie da an ihrer langen Tafel saßen und ihre Suppe schlürften. Bärtig waren sie und schmutzig und streitsüchtig und wild. Doch keiner sollte ihr kommen und sie Hosenschisser nennen! Glatzen-Per und Tjegge, Pelje und Fjosok, Jutis und Joen, Labbas und Knotas, Turre und Tjorm, Sturkas und Klein-Klipp, sie alle waren ihre Freunde und würden für sie durch Feuer und Wasser gehen, das wusste sie.

Astrid Lindgren

 Ziel: Kinderliteratur kennenlernen, Text gründlich lesen, Informationen in anderen Formulierungen wiedererkennen, einfache Schlussfolgerungen ziehen und Aussagen bewerten

Ronja Räubertochter

4-Tage Training

Arbeitsseite

Kreuze die richtigen Aussagen an und schreibe sie ins Heft.

	☺	☹
Mattis und Lovis waren ein Räuberpaar.		
Sie lebten auf einer Burg und wurden Eltern.		
Unholde lebten in Schlupfwinkeln der Burg.		
Ronja kam in einer Gewitternacht auf der Mattisburg zur Welt.		
Die Burg stand im Mattistal.		
Mattis freute sich sehr über die Geburt seiner Räubertochter.		
Seine Freudenrufe waren „juchhe" und „juchhei".		

	☺	☹
Glatzen-Per darf Ronja nicht in die Armen nehmen.		
Glatzen-Per möchte Ronja gerne in die Arme nehmen.		
Mattis legt ihm ein goldenes Ei in die Arme.		
Glatzen-Per soll den neuen Räuberhauptmann gut festhalten.		
Sollte er Ronja fallen lassen, droht ihm eine schreckliche Strafe.		
Ronja lächelt und Glatzen-Per sieht ihre Zähne.		

	☺	☹
Die Borkas sind eine andere Räuberfamilie.		
Noch nie waren Borka-Räuber und Mattis-Räuber verfeindet.		
Schon seit langer Zeit sind Borka- und Mattis-Räuber Feinde.		
Die Borkas sind die Erzfeinde von Ronjas Vater.		
Die Borkas schützen die Leute vor Überfällen der Mattis-Räuber.		
Beide Räuberbanden überfielen ehrbare Leute.		

	☺	☹
Glatzen-Per bezeichnet die Borkas als Hosenschisser.		
Die Räuber saßen am Tisch und aßen leise ihre Suppe.		
Bärtig, schmutzig, wild und streitsüchtig sind die Mattis-Räuber.		
Sie gehen mit Ronja immer durch Feuer und Wasser.		
Ronja ist überzeugt, dass die Mattisräuber viel besser sind.		
Alle 10 Räuber würden Ronja stets und überall beschützen.		
Alle 12 Räuber würden Ronja stets und überall beschützen.		

Wo geht's nach Panama?

Lernkontrolle

He, kleiner Bär und kleiner Tiger!
Seht ihr nicht die Flaschenpost auf dem Fluss? Auf dem Zettel könnte eine geheime Botschaft über einen Seeräuberschatz stehen …
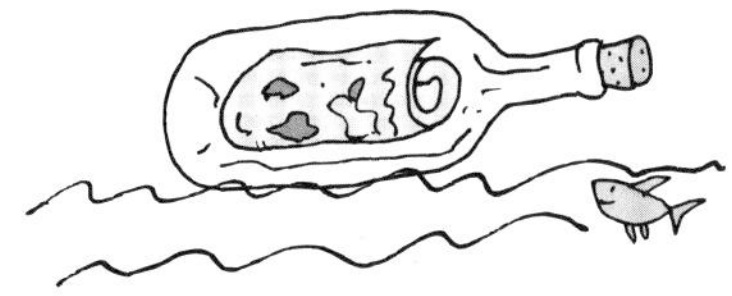
Zu spät. Ist schon vorbeigeschwommen.
„Hallo Maus", sagte der kleine Bär, „wir gehen nach Panama. Panama ist das Land unserer Träume. Dort ist alles ganz anders und viel größer …" „Größer als unser Mauseloch?", fragte die Maus, „das kann nicht sein." Ach, was wissen Mäuse denn von Panama? Nichts, nichts und wieder nichts.
Sie kamen beim alten Fuchs vorbei, der gerade mit einer Gans seinen Geburtstag feiern wollte. „Wo geht's denn hier nach Panama?", fragte der kleine Bär. „Nach links", sagte der Fuchs, ohne lange zu überlegen, denn er wollte nicht gestört werden. Nach links war aber falsch.

Janosch

Bewerte die Aussagen mit richtig ☺ oder falsch ☹.
Lies dazu im Text genau nach.

___ / 13

	☺	☹
In dem Text werden sechs Tiere genannt.		
In dem Text werden fünf Tiere genannt.		
Tiger und Bär finden eine Flaschenpost mit Schatzkarte.		
Panama ist das Land, von dem Tiger und Bär träumen.		
Sie wollen die Maus mitnehmen nach Panama.		
Die Maus kann Tiger und Bär viel von Panama erzählen.		
Sie trafen auf ihrem Weg einen Fuchs und eine Gans.		
Die Gans hatte Geburtstag und der Fuchs war eingeladen.		
Der Fuchs wollte seinen Geburtstag mit der Gans feiern.		
Der Fuchs kennt den Weg nach Panama.		
Wenn Tiger und Bär nach links gehen, gehen sie falsch.		
Von den Tieren wird wie von Menschen erzählt.		
Tiere haben keinen Geburtstag.		

Das konnte ich ☺ 😐 ☹

Du erreichst ___ von 13 Punkten.

 Ziel: Text gründlich lesen, Informationen in anderen Formulierungen wiedererkennen, einfache Schlussfolgerungen ziehen und Aussagen bewerten

Taschengeld für Jule, Ole und Arne

Jule ist sieben Jahre alt und beschwert sich bei ihrem elfjährigen Bruder Arne: „Alle Kinder meiner Klasse bekommen Taschengeld, Ole bekommt Taschengeld. Du bekommst Taschengeld. Nur ich nicht!"

Ole sagt zu Mama: „Wenn Jule ab jetzt Taschengeld bekommt, dann will ich aber mehr Taschengeld bekommen als sie. Ich bin ja auch zwei Jahre älter!"

Mama und Papa überlegen. Sie gucken sich eine Taschengeld-Tabelle an, die sie in der Zeitung gefunden haben.

Alter	**Taschengeld pro Woche**
5 Jahre	0,50 – 1,00 Euro / Woche
6 bis 7 Jahre	1,00 – 2,00 Euro / Woche
8 bis 9 Jahre	2,00 – 3,00 Euro / Woche
10 bis 11 Jahre	3,00 – 5,00 Euro / Woche
12 bis 13 Jahre	5,00 – 7,00 Euro / Woche

Jule ist ________ Jahre alt.
Sie sollte höchstens _______ Euro Taschengeld in der Woche erhalten.

Ole ist ________ Jahre alt.
Er sollte mindestens _______ Euro Taschengeld in der Woche erhalten.

Arne ist ________ Jahre alt.
Für dieses Alter werden ______ Euro bis ______ Euro Taschengeld empfohlen.

Nun fangen Mama und Papa an zu rechnen.
Wie viel Taschengeld zahlen sie an Jule, Ole und Arne, wenn alle drei den Höchstsatz erhalten sollen?
Fülle die Tabelle aus.

Name	€/Woche	€/Monat	€/Jahr
Jule			
Ole			
Arne			
Taschengeldkosten der Eltern			

Ziel: Informationen erfassen, Informationen aus Text und Tabelle entnehmen, einfache Schlussfolgerungen ziehen, Informationen in eine Tabelle eintragen, Berechnung fortsetzen

Taschengeld-Umfrage

Wie viel Taschengeld erhältst du in der Woche?
Die Klasse 3a macht eine Umfrage in den dritten Klassen. Sie will ermitteln, wie viel Taschengeld die Kinder in einer Woche erhalten.
Für die Auswertung in der 3a fertigen Hannes und Sofia eine Strichliste an.
Die Ergebnisse der 3b stehen in einer Tabelle.

Klasse: 3a
Anzahl der Kinder: 24
Kein Taschengeld: ||
1 € |||
2 € ~~||||~~ ~~||||~~
3 € ~~||||~~
4 € ||
5 € ||

Klasse: 3b
Anzahl der Kinder: ______
Kein Taschengeld: |
1 €
2 €
3 €
4 €
5 €

Fertige für die 3b eine Strichliste an und vervollständige die untere Tabelle!

Taschengeld pro Woche	0 €	1 €	2 €	3 €	4 €	5 €
Kinder – 3a						
Kinder – 3b	1	2	9	5	4	0
Kinder – 3a und 3b						

Sofia und Hannes sprechen über die Ergebnisse.

Sofia: In der 3a und der 3b bekommen die meisten Kinder ______ €.

Hannes: Ja, und ______ Kinder erhalten pro Woche 3 € Taschengeld.

Sofia: In der Klasse 3a erhalten ______ Kinder kein Taschengeld.

Hannes: In der anderen Klasse erhält 1 Kind ______ Taschengeld.

Sofia: Das ist schon ungerecht, denn insgesamt bekommen sogar ______ Kinder 5 € und ______ Kinder 4 € in der Woche.

Hannes: 1 € ist echt wenig, damit müssen in der Klasse 3b ______ Kinder auskommen.

 Ziel: Informationen erfassen, Informationen aus Text, Strichliste und Tabelle entnehmen, einfache Schlussfolgerungen ziehen, Informationen in anderer Form wiedergeben

Spaziergang im Park

Leseseite

Jeremy und seine Schwester Malina sehen sich im Park die Laubbäume genauer an und lesen die Informationstafeln.

Jeremy: Diese dicke Eiche ist schon 90 Jahre alt und 20 Meter hoch.

Malina: Manche Eichen können 500 – 800 Jahre alt werden.

Jeremy: Kastanien werden nur 100 Jahre alt und Birken ungefähr 200 Jahre.

Malina: Diese Birke, die an ihrem schwarz-weißen Stamm leicht zu erkennen ist, ist jetzt drei Jahre alt und vier Meter hoch.

Jeremy: Sie vermehrt sich mit kleinen, geflügelten Samen, die in langen Kätzchen am Baum hängen.

Malina: Eichen und Kastanien vermehren sich mit ihren Früchten, die Eichel beziehungsweise Kastanie heißen.

Jeremy: Guck mal, die Kastanie ist 6 Meter höher als die Birke und viermal so alt!

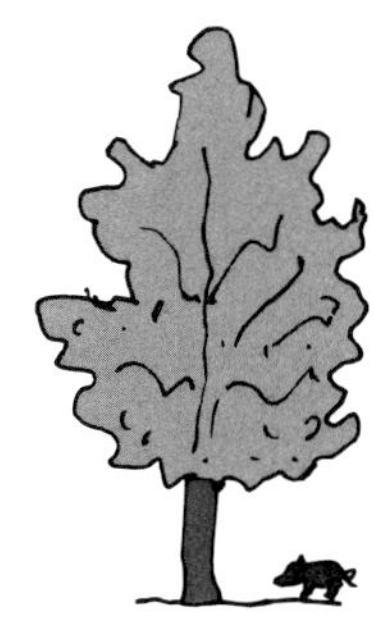

Malina: Kennst du diesen Baum?

Jeremy: Das ist eine Buche, sie ist jetzt 14 Jahre alt und 7m hoch.

Malina: Eine Buche kann 200 – 300 Jahre alt werden.

Jeremy: Ihre Früchte sind dreikantige Nüsse, die Bucheckern.

Malina: Jetzt gucken wir uns noch den Feld-Ahorn an. Ich schätze, der ist ungefähr 15 m hoch.

Jeremy: Er ist jetzt 35 Jahre alt und kann 150 Jahre alt werden.

Malina: Weißt du, wie die Samen heißen?

Jeremy: Ahorn hat Samenpropeller mit zwei kleinen Flügeln.

Malina: Stimmt, die drehen sich wie kleine Propeller, wenn der Wind sie durch die Luft trägt.

Spaziergang im Park

1) Lies das Gespräch genau und trage die Informationen in die Tabelle ein.

		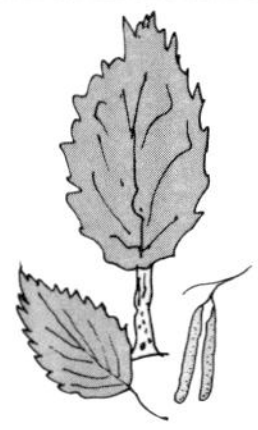			
Name	E	B	B	K	F
Größe					
Alter					
Höchst-alter					
Vermeh-rung durch					

2) Benenne die Samen / Früchte und Blätter, verbinde.

Blatt	Blatt	Blatt	Blatt	Blatt
	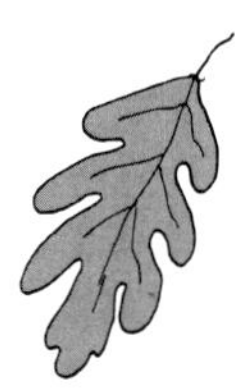			

Ziel: Informationen erfassen, entnehmen, Informationen in anderer Form wiedergeben, einfache Schlussfolgerungen ziehen durch Informationsvergleich, Umweltwissen einbeziehen

Termine! Termine!

Am letzten Donnerstag hat Papa seinen Zahnarzt-Termin vergessen und Andy kam 30 Minuten zu spät zur Geburtstagsfeier seines Freundes. Mama war am Freitag mit Oma zum Einkaufen verabredet und gleichzeitig wollte Sandra, dass Mama sie ins Schwimmbad fährt.
So geht das nicht weiter. Nun hängt ein Wochen-Planer in der Küche und jeder muss seine Termine eintragen.

Zuerst schreibt Mama die 7 Wochentage von Montag bis Sonntag untereinander in die erste Spalte. Dann vervollständigt sie die erste Zeile. Dort steht nun Mama, Papa, Andy, Sandra.

Nun trägt jeder seine Termine in den Planer ein:
Mama muss am Montag und am Mittwoch um 9.30 Uhr in der Schule sein und beim Schulfrühstück helfen. Am Donnerstag geht sie um 20.00 Uhr mit ihrer Freundin Sabine ins Kino und am Freitag muss sie mit Andy um 16.30 Uhr zu Dr. Schulz.
Papa ist von Mittwoch bis Freitag gar nicht zu Hause. Er ist auf Dienstreise. Zum Glück kann er am Dienstag noch um 19.30 Uhr mit Mama zum Elternabend der 3b gehen. Am Samstag geht Papa mit seinem Freund Herbert um 5.00 Uhr zum Angeln.

Andy hat Dienstag und Donnerstag um 18.00 Uhr Handballtraining, am Samstag ist er um 14.30 Uhr bei Tine zur Geburtstagsfeier eingeladen.
Sandra geht Montag um 16.00 Uhr zur Musikschule und spielt am Mittwoch um 17.00 Uhr Tischtennis, da will sie dann noch einmal für den Wettkampf am Samstag um 14.00 Uhr trainieren.
Sonntag geht die ganze Familie um 10.00 Uhr in den Tierpark.

Streiche falsche Wörter, sodass die Sätze zum Gesamt-Text passen und schreibe sie dann ins Heft.
Papa hatte einen keinen Zahnarzt-Termin vergessen.
Andy kam pünktlich verspätet zur Geburtsfeier.
Mama wollte mit Oma zum Schwimmen zum Einkaufen.
Sandra plante am Freitag Samstag einen Schwimmbadbesuch.
Nun schreit schreibt jeder seine Termine in einen Wochenplaner.
Drei vier Tage ist Papa dienstlich unterwegs.

Wochenplaner

So sieht der Wochenplaner der Familie Krause aus.

Trage die Termine in den Planer ein,
achte darauf, dass einige Termine für mehrere Personen gelten.

Wochentage	Mama	Papa	Andy	Sandra
Montag				
Dienstag				
Mittwoch				
Donnerstag				
Freitag				
Samstag				
Sonntag				

Fortsetzung von Seite 59

Papa angelt am Samstag mit seinem Feind Freund Herbert.
Mama geht mit ihrer Freundin Sabine ins Schulfrühstück Kino.
Sandra trainiert für den Musikunterricht Tischtennis-Wettkampf.
Andy spielt zweimal in der Woche Geburtstag Handball.
Samstag Sonntag haben alle das Gleiche verschiedene vor.

 Ziel: Informationen erfassen, verbale Informationen in einer Tabelle stichwortartig wiedergeben, einfache Schlussfolgerungen ziehen, Informationen auswerten

Besuch im Tierheim

Lernkontrolle

Lies die Informationen genau und fülle die Tabelle aus. ___ / 12

Die Klasse 3e informiert sich im Tierheim. Hier leben Hunde, Katzen und auch viele Kleintiere wie Meerschweinchen und Hamster.

Zu Beginn des Jahres 2010 lebten 8 Hunde und 67 Katzen im Tierheim. Im Verlauf des Jahres wurden 81 Hunde und 86 Katzen von ihren Besitzern ins Tierheim gebracht, weil diese nicht mehr für sie sorgen konnten oder wollten. 67 herrenlose Hunde wurden aufgegriffen und 193 herumstreunende Katzen. Diese Zahlen stehen in der Spalte „Fundtiere". Im Verlauf des Jahres wurden 11 Hunde und 14 Katzen im Tierheim geboren. Gegen Bezahlung wird das Tierheim auch ein Tierhotel und nimmt Tiere in Pension. Der Besitzer zahlt für Unterbringung und Versorgung und Hund oder Katze wohnen hier auf Zeit.

Tierart	Bestand 1.1.2010	ins Heim gebracht	im Heim geboren	Fund-tiere	Gesamt
Hunde					
Katzen					

Pensions-tiere
223
102

Informiere dich in der Tabelle und streiche falsche Wörter: ___ / 7

Es wurden mehr weniger Katzen als Hunde im Tierheim geboren.

Es wurden mehr weniger Hunde als Katzen gefunden.

Es nutzten mehr weniger Katzenbesitzer als Hundebesitzer das Tierheim als Tierhotel.

Insgesamt lebten mehr weniger Hunde als Katzen im Tierheim.

In der Statistik fehlt steht, wie viele Tiere neue Besitzer bekamen.

Das Tierheim versorgt auch nicht Kleintiere.

In der Statistik steht fehlt, welche Kleintiere im Tierheim lebten.

Das konnte ich ☺ 😐 ☹

Du erreichst ___ von 19 Punkten.

Ziel: Informationen erfassen, verbale Informationen in einer Tabelle wiedergeben, einfache Schlussfolgerungen ziehen, Informationen auswerten

Mein Traumzimmer

1) Lies genau.

Janina plant ihr Traumzimmer. Sie zeichnet alles genau in den Grundriss ein: Mitten an der langen Wand, die links von der Tür ist, soll das Hochbett (1) mit der Rutsche (2) stehen. Direkt vor das Fenster kommt der Schreibtisch (3) mit dem Stuhl (4). Rechts vom Schreibtisch passt eine große Palme (5) in die Ecke und links vom Arbeitsplatz sollen der Computer (6) und der Fernseher (7) stehen. An der langen Wand genau gegenüber vom Bett ist Platz für zwei Regale (8). Hier können dann Bücher, Bausteine und Spielsachen hinein. An die kurze Wand links von der Tür passt die Kletterwand (9). Und mitten im Zimmer liegt ein großer Spielteppich (10).

2) Male, wie Janina das Zimmer einrichten möchte, und trage auch die Nummern im Plan ein!

Mama und Papa sehen sich die Zeichnung an.

Papa: Super, das Zimmer gefällt mir, aber mit deinen neun Jahren brauchst du noch keinen Computer im Zimmer.

Mama: Eine Rutsche und eine Kletterwand habe ich noch nie im Kinderzimmer gesehen. Tolle Idee! Einen Fernseher habe ich schon oft im Kinderzimmer gesehen, doch in dein Zimmer kommt noch keiner. Wir gucken gemeinsam im Wohnzimmer.

3) Kreise in der Zeichnung mit rot ein, was Mama und Papa nicht erlauben wollen.

Ziel: Informationen entnehmen, zeichnerisch darstellen und zum besseren Verständnis nummerieren, einfache Schlussfolgerungen ziehen

Ein Rundgang im Tierpark

1) Lies zuerst ganz genau.

Mattis hat viele Tiere zum Spielen. Heute hat er einen kleinen Tierpark aufgebaut. Nun zeichnet er den Lageplan:

Er nummeriert die Gehege der Reihe nach von 1 bis 9, Nummer 10 ist der Spielplatz. Rechts vom Haupteingang beginnt der Rundgang bei den Füchsen. Dann kommt jeder Besucher zuerst zu Familie Dachs und dann zu den Wildschweinen. Im angrenzenden Wald- und Wiesenbereich leben Rehe und Hirsche. Vor den Eulen wohnen die Waschbären. Wer die Ziegen streicheln will, deren Gehege direkt an den Spielplatz grenzt, geht nun an einem großen Teich mit Störchen vorbei und dann an einer Weide mit Ponys.

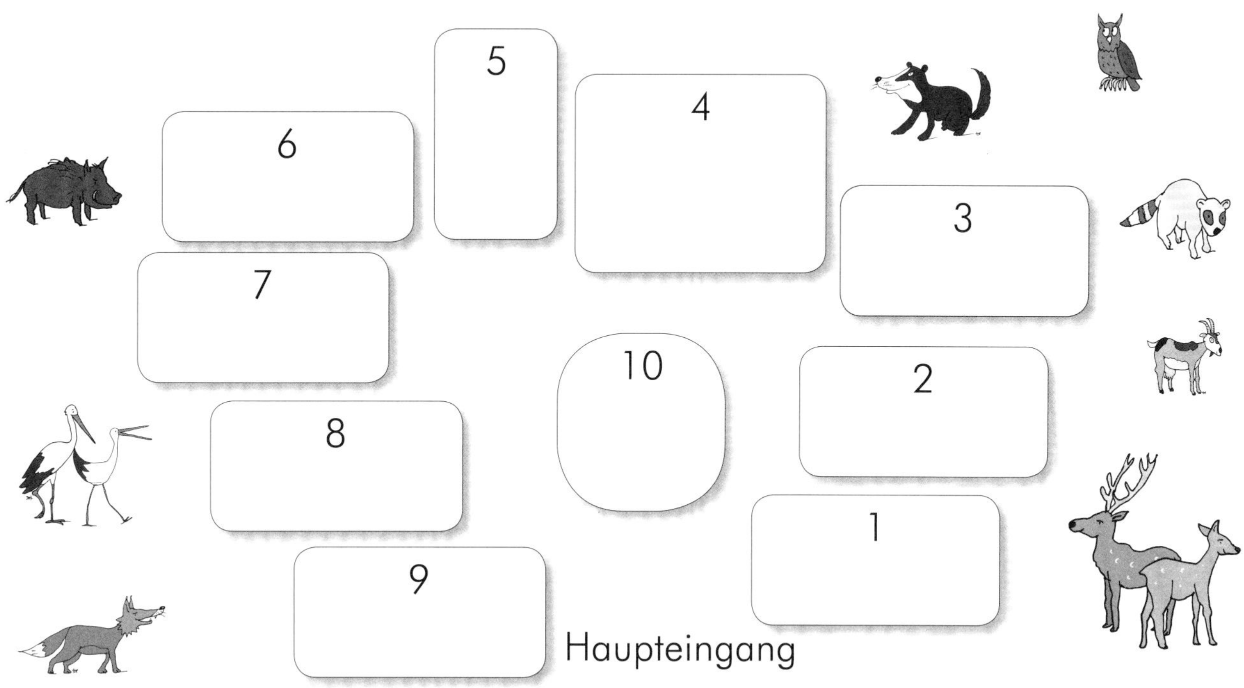

2) Schreibe zu den Nummern die Tiere.

1. ______________________ 2. ______________________

3. ______________________ 4. ______________________

5. ______________________ 6. ______________________

7. ______________________ 8. ______________________

9. ______________________ 10. ______________________

Ziel: verbale Informationen entnehmen, durch Nummerieren und Beschriften wiedergeben, einfache Schlussfolgerungen ziehen, Umweltwissen einbringen

Polonäse zur Geburtstagsfeier

Franca und Alex feiern ihren Geburtstag. Sie führen die Polonäse an. Dann kommen Judit und Benny. Marwin heult, er wollte nicht Letzter sein. Anne ist die sechste. Sie fasst Jonas mit der rechten und Tom mit der linken Hand an. Tom hält Svea fest. Doch dann kommt eine Lücke. Svea musste Hannes loslassen, weil Simon ihn so sehr zurückgezogen hat. Maria fasst Marwin an und zusammen mit Carina hält sie den kleinen Leon fest.

1 ___ ___ ___ ___ ___ ___ ___ ___ ___ ___ ___ ___ ___ ___

___ J ___ ___ ___ ___ ___ ___ ___ ___ ___ ___ ___ ___

1) Nummeriere alle Kinder. In welcher Reihenfolge laufen sie?
Schreibe die Namen geordnet auf.

1. ________ 2. ________ 3. ________

4. ________ 5. ________ 6. ________

7. ________ 8. ________ 9. ________

10. ________ 11. ________ 12. ________

13. ________ 14. ________

2) Schreibe oben zu jedem Kind J für Junge und M für Mädchen.

3) Male.

Svea hat einen grünen Luftballon in der linken Hand.
Leon hat einen gelben Hut auf und Franca hat in der rechten Hand ein rotes Fähnchen.

Ziel: verbale Informationen entnehmen, durch Nummerieren und Beschriften wiedergeben, einfache Schlussfolgerungen ziehen, nach Anweisung malen

Alles hat seinen Platz

3-Tage Training

Leseseite

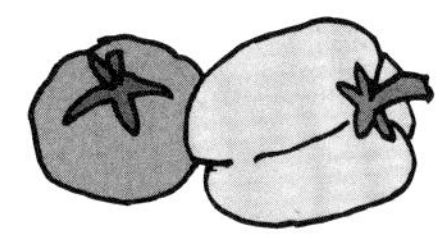

Im Gemüseladen

In den oberen Kisten liegen an den Außenseiten rechts die Tomaten und links der Salat. Neben den Tomaten steht die Zwiebelkiste, daneben steht Paprika. Unter den Tomaten steht die Kiste mit Bohnen und davor stehen zwei Säcke mit Kartoffeln. Die Gurken liegen neben dem Salat. Die Möhren sollen nicht neben die Bohnen und Rotkohl muss auch noch in eine Kiste.

Im Küchenschrank

Der neue Küchenschrank hat oben und unten Regale für Geschirr und in der Mitte zwei Besteck-Schubladen.
Ganz oben im Schrank steht links der Toaster und rechts die Brotkiste. Über den Gläsern stehen die Tassen und rechts daneben die Müslischalen. Im untersten Fach sollen Kochtöpfe stehen. Direkt unter der linken Schublade steht die große Salatschüssel. Ein Regal ist noch für die großen Teller frei.
Die rechte Schublade ist noch leer und die andere wird von links nach rechts mit Messern, Gabeln, großen Löffeln und oben quer mit den Teelöffeln gefüllt.

Parkplatz gesucht

Vor dem Supermarkt sind nicht mehr viele Parkplätze frei, als sechs Fahrer fast gleichzeitig ankommen. Herr Müller hält mit seinem Taxi direkt neben der gehbehinderten Frau Meister, die mit ihrem Kleinbus auf dem besonders gekennzeichneten Parkplatz stehen darf. Susi stellt ihr Mofa beim Fahrrad mit ab und Herr Schröder parkt sein Cabrio links von ihr. Neben der Mauer hält der Pkw mit Anhänger. Und wo parkt Frau Bach?

Aufgabe 3 (siehe Seite 66)
Verbinde Fahrzeug und Parkplatz. Male:
Das Fahrzeug von Frau Bach ist rot. Das Auto von Herrn Müller ist gelb, Herr Schröder fährt ein schwarzes Fahrzeug und auf dem Anhänger liegt eine Leiter.

Alles hat seinen Platz

3-Tage Training

1) Was steht wo?

Beschrifte.

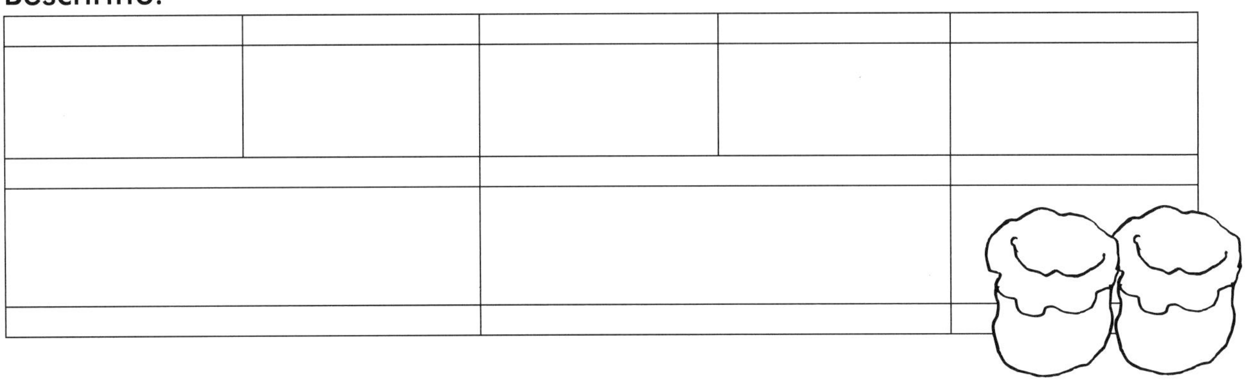

2) Was steht wo?

Beschrifte.

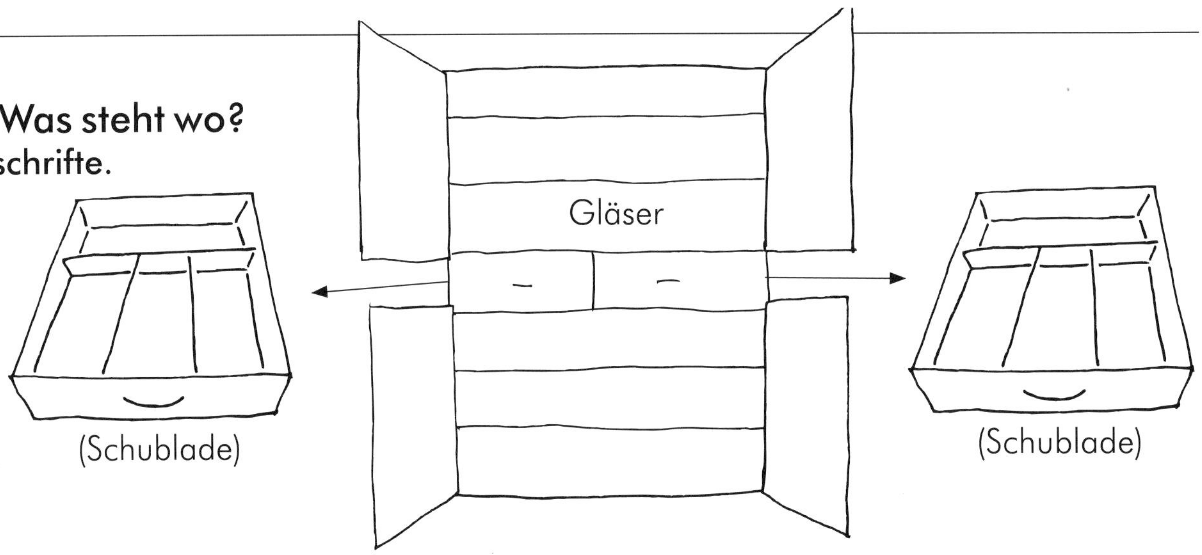

3) (Aufgabe siehe S. 6

 Ziel: verbale Informationen entnehmen, in einer Zeichnung wiedergeben, einfache Schlussfolgerungen ziehen, nach Anweisung malen

Wettlauf

Lernkontrolle

Beim Sportfest liefen die Kinder um die Wette.

Jens: Meine Bahn war rechts außen.

Lilli: Ich lief zwischen Anton und Jens.

Anton: Links neben mir war Paula die Schnellste.

Paula: Inga lief in der übernächsten Bahn und kam nach mir ins Ziel.

Lilli: Ich war wie immer Vierte, gleich nach Anton.

Marcel war enttäuscht. Er wurde bei diesem Lauf Letzter!

1) Notiere, in welcher Bahn die Kinder liefen. ___/ 6

Start

____
____
____
____
____
____

Ziel

2) Trage die Platzierung ein. ___/ 6

1. Platz ______________________ 4. Platz ______________________

2. Platz ______________________ 5. Platz ______________________

3. Platz ______________________ 6. Platz ______________________

Die Jungen heißen: ______________________

Die Mädchen heißen: ______________________ ___/ 3

Das konnte ich 

Du erreichst ___ von 15 Punkten.

Richtig einrichten

Sarina und Sandro ziehen um. Der Umzugswagen ist soeben vorgefahren. Nun wird die neue Wohnung eingerichtet.

Papa stellt den Kühlschrank ins Kinderzimmer.
Mama rollt ihre Bücherkiste in den Kellerraum.
Opa schleppt den Karton mit Handtüchern ins Schlafzimmer.
Sandro bringt sein Fahrrad in die Wohnstube.
Die Möbelpacker tragen das Sofa in die Küche.
Sarina schiebt ihren Puppenwagen ins Arbeitszimmer.
Oma trägt Bettdecken und Kopfkissen in das Badezimmer.

1) Unterstreiche zuerst, welche Räume genannt werden.

2) Tausche die Räume, sodass alles an seinen Platz kommt. Schreibe im Heft.
Beispiel: Papa stellt den Kühlschrank in die …

3) Richtig einrichten! Kreise in jeder Reihe ein falsches Nomen ein.

Kinderzimmer: Bausteine, Kuscheltier, Gewürzregal, Spielautos

Wohnzimmer: Sessel, Sofa, Kochtopf, Blumentopf, Teppich

Arbeitszimmer: Bücherregal, Geschirrschrank, Schreibtisch, Bücher

Schlafzimmer: Wäscheschrank, Kleiderständer, Pfanne, Nachttisch

Badezimmer: Duschvorhang, Spiegel, Besteck, Handtuchhalter

Keller: Fahrrad, Roller, Waschmaschine, Geschirrspüler, Schlitten

4) Notiere die eingekreisten Nomen, dann weißt du, was in die Küche gebracht wird. Notiere.

Küche: ______________________________

____

____

Ziel: verbale Informationen hinterfragen, Erfahrungswissen einbringen, durch Neuordnung passende Aussagesätze bilden, richtige Zuordnungen erstellen

Kunibert wird Ritter

1. Vor etwa tausend Jahren entwickelten sich das Rittertum und das Burgleben und bestanden fast 500 Jahre.	Nur reiche, adlige Familien konnten sich eine Ritterausbildung leisten, die nur Söhne machen durften.
2. Nur Jungen konnten Ritter werden, und sie mussten adlige und reiche Eltern haben.	Fünf Jahrhunderte lang bestimmte das Zeitalter der Ritter und Burgen, das um 1000 begann, das Leben.
3. Schon im Alter von sieben Jahren kam Kunibert als Page auf eine andere Burg.	Aus einem guten Pagen wurde nach ungefähr sieben Jahren ein Knappe.
4. Ein Page musste viel lernen, nicht nur kämpfen und reiten, sondern er musste auch lesen und rechnen können und gute Manieren haben.	Als Siebenjähriger verließ Kunibert die Heimat, um bei einem anderen Burgherrn Page zu werden.
5. Wer seine Arbeit gut machte, konnte im Alter von 14 Jahren Knappe werden.	Gutes Benehmen, das Reiten, das Kämpfen, auch Schreiben und Mathematik gehörten zur Ausbildung eines Pagen.
6. Ein Knappe half seinem Ritter, die Rüstung anzulegen und bediente bei den Mahlzeiten.	Ritter und Knappe zogen gemeinsam in den Krieg.
7. Der Knappe zog mit seinem Ritter in die Schlacht.	Mit 21 Jahren erhielt der Knappe den Ritterschlag in einer Feier, die Schwertleite hieß.
8. Nach vierjähriger Ausbildung als Knappe erfolgte die Schwertleite, eine feierliche Ernennung zum Ritter mit dem Ritterschlag.	Der Knappe bediente bei den Mahlzeiten und half seinem Ritter beim Anlegen der Rüstung.

1) Verbinde Sätze mit ähnlicher Bedeutung.

2) Schreibe die Sätze der zweiten Spalte geordnet in dein Heft.

Ziel: verbale Informationen vergleichen, gleiche Aussagen/Informationen erkennen und zuordnen, geordneten Text erstellen

Leben auf einer Burg

Burgen wurden zum Schutz und zur Verteidigung gebaut. Sie standen oft oben auf einem großen Berg. Denn so konnte man Angreifer schon von Weitem kommen sehen. Es gab auch Burgen, die auf einer Insel oder am Ufer eines Flusses gebaut wurden. Sie waren umgeben von breiten Wassergräben und hohen Burgmauern. Diese sollten es den Feinden erschweren, die Burg zu erobern. In einer kleinen Burg lebten dreißig, in einer großen über hundert Menschen. Der Burgherr und seine Frau hatten Mägde und Knechte. So hießen weibliche und männliche Dienstboten. Eine Magd erledigte z.B. die Küchenarbeit, sie musste waschen, putzen, beim Anziehen helfen oder auf die Kinder aufpassen. Ein Knecht kümmerte sich um die Pferde, musste Wasser holen, Holz hacken oder schwere Feldarbeit erledigen. Es gab auch Handwerker auf der Burg. Der Schmied beschlug die Pferde und reparierte Waffen. Der Zimmermann war für alle Arbeiten mit Holz zuständig. Der Steinmetz erledigte die Bauarbeiten, für die Steine benötigt wurden. Der Kaplan hielt die Gottesdienste ab und war oft der strenge Lehrer der Jungen. Bei ihm lernten sie das Lesen und Schreiben der lateinischen Sprache.

Lies genau nach und beantworte die Fragen <u>im ganzen Satz</u>, schreibe im Heft.

1. Welche Orte eigneten sich besonders für den Bau von Burgen?
2. Notiere zwei Gründe, warum Burgen gebaut wurden.
3. Wodurch wurde die Eroberung einer Burg erschwert?
4. Notiere, wie weibliche Dienstboten hießen und nenne drei Aufgaben.
5. Notiere, wie männliche Dienstboten hießen und nenne drei Aufgaben.
6. Nenne die Handwerksberufe, die im Text genannt werden.
7. Wer hatte auf der Burg auch Aufgaben eines heutigen Lehrers?
8. Wer lernte in welcher Sprache lesen und schreiben?
9. Ein Pferd benötigte neue Hufeisen – wer machte diese Arbeit?
10. Ein Stuhlbein war angebrochen – wer reparierte es?
11. Wer war oft der Lehrer auf einer Burg?
12. Eine Lanze ist zerbrochen, wer kann sie reparieren?

 Ziel: verbale Informationen erfassen und wiedergeben, treffende Aussagesätze formulieren, einfache Schlussfolgerungen ziehen

Kleiner Drache

1) Lies zuerst genau, male die Figur dann an.

Dieser Flugdrache hat einen grasgrünen Kopf und einen grasgrünen Körper mit pechschwarzen Füßen. Seine Flügel sind sonnengelb. Die Hörner, die Augen, die Zunge und die beiden messerscharfen Eckzähne sind blutrot. Die Rückenzacken sehen himmelblau aus. Seine Unterseite hat vom Hals bis zum Schwanzende Streifen, abwechselnd mausgrau und schneeweiß.

2) Unterstreiche 8 verschiedene zusammengesetzte Adjektive.

Beispiel für ein zusammengesetztes Adjektiv: blitzschnell

3) Notiere die unterstrichenen Adjektive, schreibe wie im Beispiel.

blitzschnell: schnell wie der Blitz

Ziel: verbale Informationen erfassen und in einer Zeichnung wiedergeben, zusammengesetzte Adjektive erkennen, Vergleichsform mit dem enthaltenen Nomen bilden

Drachen

4-Tage Training

1) Verbinde Sätze mit ähnlicher Bedeutung und schreibe die Sätze von Spalte zwei geordnet ins Heft.

1. Heute weiß jedes Kind, dass Drachen Fabelwesen sind.	Diese Tiere haben sich Menschen ausgedacht.
2. Es sind Tiere, die in der Fantasie der Menschen entstanden sind.	In unserer Zeit wissen alle Kinder, dass es keine Drachen gibt.
3. Ihr Aussehen gleicht bis heute oft dem eines Flugsauriers.	Für Japaner und Chinesen ist der Drache auch heutzutage noch ein Glücksbringer, der Gutes tut.
4. In Japan oder China gilt der Drache bis heute als wohltätiges Wesen und ist Symbol für das Glück.	Ein Drache hat Ähnlichkeit mit einem fliegenden Saurier.
5. In sehr alten Geschichten aus Europa sind Drachen stark und mächtig mit bösen Eigenschaften.	In solchen Erzählungen zeigen mutige Ritter, dass sie keine Angst haben und Drachen besiegen können.
6. In vielen dieser Sagen kämpften und siegten mutige und unerschrockene Ritter gegen Drachen.	In europäischen Sagen werden Drachen als böse, starke und mächtige Tiere dargestellt.

2) Lies in Aufgabe 1 nach und notiere die Antworten in ganzen Sätzen im Heft.

- **Erkläre das Wort „Fabelwesen".**
- **Mit welchem Tier hat ein Drache Ähnlichkeit?**
- **Erkläre den Wesensunterschied zwischen der europäischen und der japanischen Darstellung eines Drachens.**
- **Welchen Inhalt hatten viele Sagen, die von Drachen handelten?**

Ziel: verbale Informationen erfassen, in ähnlichen Formulierungen wiedererkennen, sachlich und grammatisch richtige Antworten erstellen

3) Kreuze nur richtige Aussagesätze an und schreibe diese in dein Heft.

- ◯ Drachen sind erdachte Lebewesen.
- ◯ Drachen sind vor langer Zeit ausgestorben.
- ◯ Sie haben viel Ähnlichkeit mit Flugzeugen.
- ◯ Ihr Körperbau erinnert an fliegende Saurier.
- ◯ Drachen sind ängstliche und bescheidene Tiere.
- ◯ Drachen werden in Europa meist bösartig dargestellt.
- ◯ In China und Japan haben Drachen immer Glück.
- ◯ In China und Japan gelten Drachen als Glücksbringer.
- ◯ In Sagen besiegen die Drachen erschrockene Ritter.
- ◯ Viele Sagen schildern siegreiche Ritterkämpfe gegen Drachen.

---

4) In jedem Satz stehen zwei Nomen an der falschen Stelle, unterstreiche sie und notiere die richtig formulierten Sätze im Heft.

Für Drachen sind Europäer Fabelwesen.
Die Geschichten glaubten an die Menschen von Rittern und Drachen.
In vielen Sagen konnten Feuer Drachen spucken.
Höhlen lebten in Drachen.
Drachen wurden von bösartigen Burgen bedroht.
Wer die Bedrohung von der Burg durch den Drachen befreite, bekam oft die Tochter des Burgherrn zur Frau.
Ungeheuer bewiesen ihren Mut, wenn sie auszogen, um solche Ritter zu besiegen.
Nicht nur in Sagen, sondern in vielen alten Heldentaten wird von solchen Gedichten erzählt.

Das kleine Gespenst

Lernkontrolle

So heißt ein Buch von Otfried Preußler, der 1923 geboren wurde und auch die Bücher von der kleinen Hexe, dem kleinen Wassermann oder dem Räuber Hotzenplotz geschrieben hat. Stets erleben diese Fantasiefiguren tolle Abenteuer. Das kleine Gespenst erwacht auf der Burg Eulenstein eines Tages zur Mittagszeit, weil die Rathausuhr falsch geht. Von einem Sonnenstrahl getroffen wird es schwarz und stiftet viel Aufregung in der Stadt Eulenberg. Erst als der gute Freund, ein Uhu, den richtigen Rat weiß, wird das kleine Gespenst wieder weiß und kann auch wieder zur Geisterstunde um Mitternacht spuken.

1) Notiere Namen und Geburtsjahr des Schriftstellers. ___ / 2

____

2) Notiere die genannten Fantasiefiguren. ___ / 3

____

____

3) Zu welcher Zeit spukt das kleine Gespenst normalerweise? ___ / 1

____

4) Notiere a) den Namen der Stadt, b) den Namen der Burg. ___ / 2

a)______________________ b)______________________

Streiche falsche Wörter, sodass passende Aussagen entstehen. ___ / 5

Die Turmuhr Rathausuhr Kirchenuhr weckt das kleine Gespenst.
Das kleine Gespenst ist normalerweise rot grün weiß schwarz.
Ein Sonnenstrahl färbt das kleine Gespenst weiß rot schwarz grün.
Ein Uhu ist der Nachbar Freund Feind vom kleinen Gespenst.
Die Geisterstunde ist um 10 Uhr 12 Uhr 0 Uhr 19 Uhr.

Das konnte ich 

Du erreichst ___ von 13 Punkten.

Ziel: verbale Informationen erfassen und wiedergeben, veränderte Formulierungen überprüfen und durch Streichen von Fehlwörtern passende Textaussagen erzeugen

Quellenverzeichnis

Seite 20
© Eckhard Lange:
Das letzte Blatt

Seite 21
© Peter Thulke:
Klettern

Seite 22
Bildergeschichte:
Der letzte Apfel
© Südverlag GmbH, Konstanz

Seite 24
© Eckhard Lange:
Das falsche Stöckchen

Seite 30
Heinrich Hoffmann:
Die Geschichte vom fliegenden Robert
Aus: Heinrich Hoffmann: Der Struwwelpeter, Rütten und Loening Verlag, Potsdam 1938

Seite 48
Julia Boehme:
Conni geht auf Klassenfahrt
Illustrationen von Herdis Albrecht
© Carlsen Verlag GmbH, Hamburg 2003

Seite 49
Paul Maar:
Eine Woche voller Samstage
© Verlag Friedrich Oetinger, Hamburg

Seite 50
Cornelia Funke:
Zottelkralle
© Cecilie Dressler Verlag, Hamburg

Seite 51
Otfried Preußler:
Der Räuber Hotzenplotz,
mit Illustrationen von F.J. Tripp
© 1962 by Thienemann Verlag (Thienemann Verlag GmbH), Stuttgart – Wien.

Seite 52
Astrid Lindgren:
Ronja Räubertochter
© Verlag Friedrich Oetinger, Hamburg

Seite 54
Janosch:
Oh, wie schön ist Panama
© 1978 Beltz & Gelberg in der Verlagsgruppe Beltz, Weinheim/Basel

Seite 74
Otfried Preußler:
Das kleine Gespenst,
mit Illustrationen von F.J. Tripp
© 1966 by Thienemann Verlag (Thienemann Verlag GmbH), Stuttgart – Wien.

Im Erzählkreis

Notiere bei jedem Kind den Vornamen.
Kreuze nur die Aussagesätze an, die zu den Sprechblasen passen.

(x) Julius hat drei Tore geschossen.

( ) Die Katze muss geimpft werden.

(x) Der kleine Hund von Tabea muss zum Tierarzt.

( ) Das Schwimmbad ist am Nachmittag geschlossen.

(x) Tim geht am Nachmittag ins Schwimmbad.

(x) Der Badesee ist Ziel der Radtour, die Julia machen möchte.

( ) Am Badesee kann man Boote ausleihen.

( ) Mama feiert ihren 38. Geburtstag.

(x) Heute hat die Mutter von Selina Geburtstag.

Wer spricht?

Hilf mir bei dieser Aufgabe! — Katrin

Ich brauche ein Pflaster. — Leon

Das hast du sehr gut erklärt. — Hanna

Wer kann mir ein Lineal leihen? — Timo

Vorsichtig, die Schere ist sehr scharf! — Sandra

Ich bin der Beste in Mathematik. — Sven

Wer spricht? Notiere zu jedem Namen den passenden Satz und schreibe den Namen an die Sprechblase.

Timo fragt: „Wer kann mir ein Lineal leihen?“

Sven behauptet: „Ich bin der Beste in Mathematik.“

Hanna lobt: „Das hast du sehr gut erklärt.“

Leon weint: „Ich brauche ein Pflaster.“

Sandra warnt: „Vorsichtig, die Schere ist sehr scharf!“

Katrin bittet: „Hilf mir bei dieser Aufgabe!“

Kinder sind verschieden

Melina ist acht Jahre alt und geht in die dritte Klasse. Ihr kleiner Bruder geht noch in den Kindergarten. *Lasse ist in der gleichen Klasse wie Melina, er hat eine ältere Schwester und ist schon neun Jahre alt.* Melina kann Inliner laufen und *Lasse ist ein guter Schwimmer. Er hat schon einmal einen Pokal gewonnen. Lasse liest gerne Kinder-Krimis.* Melina hört lieber Musik. Jeden Tag muss Melina ihren Hund füttern und mit ihm spazieren gehen. *Lasse hat eine Katze. Täglich setzt sie sich auf seinen Schoß und lässt sich streicheln.* In den Ferien versorgen Oma und Opa die Katze. Melinas Hund fährt immer mit, wenn die Familie verreist.

1) Unterstreiche in rot, was du über Melina erfährst und in blau, was du über Lasse erfährst.
2) Kreuze nur die richtigen Aussagesätze an.

( ) Melina und Lasse sind gleich alt.

(x) Lasse geht in die dritte Klasse.

(x) Melina hat einen Bruder und Lasse eine Schwester.

( ) Melina kann nicht schwimmen.

( ) Lasse kann nicht Inliner laufen.

(x) Lasse ist ein guter Schwimmer.

(x) Melina kümmert sich um ihren Hund.

(x) Lasses Katze mag gerne von ihm gestreichelt werden.

( ) Oma und Opa haben auch eine Katze.

(x) Melinas Familie nimmt den Hund mit in den Urlaub.

( ) Lasse hört Musik, wenn er Kinder-Krimis liest.

Urlaubspost

3-Tage-Training

Arbeitsseite

Kreuze alle richtigen Aussagen an.

( ) Oma schreibt an Bastian. (x) Bastian schreibt an Oma.

Bastian ist ( ) an der Nordsee (x) an der Ostsee ( ) in den Bergen ( ) im Freizeitpark

Er wohnt ( ) im Wohnwagen weit weg vom Strand ( ) im Zelt nicht weit weg vom Strand (x) im Wohnwagen in Strandnähe

(x) Das Wasser ist salzig. ( ) Die Sonne schien. ( ) Der Wind war schwach.

Kreuze alle richtigen Aussagen an.

Emily reiste mit ( ) der U-Bahn ( ) dem Auto (x) dem Zug

Emily ist mit ihrer Handballmannschaft in Berlin. ( ) richtig ( ) falsch (x) steht nicht im Text

Emily (x) macht eine Stadtrundfahrt (x) nimmt an einem Wettkampf teil (x) geht ins 3D-Kino ( ) hat schwere Gegner

Kreuze alle richtigen Aussagen an.

(x) Jonathan fährt viel Fahrrad.
( ) Er hatte einen Fahrradunfall.
(x) Der Weg zur Burg war steil.
( ) Nebel störte die gute Aussicht.
(x) Er besichtigte eine Burg.
(x) Er musste sein Rad schieben.
(x) Er hat viele Fotos gemacht.
(x) Die Karte ist für Tommy.

Jonathan will Tommy vom Urlaub genauer erzählen
( ) über Leute, die er getroffen hat
(x) über das Leben auf der Burg

Picknick im Park

Lernkontrolle

Sarah, Dirk, Gesine und Anton wollen am Wochenende im Park picknicken. Sie besprechen, was jeder mitbringen soll. Dirk hat eine <u>große Decke, Picknick-Geschirr und einen Bollerwagen</u>. Außerdem will er <u>einen Fußball</u> und das <u>Federball-Spiel</u> einpacken. Sarah bringt <u>Äpfel und Möhren</u> aus ihrem Garten mit. Anton will für <u>Limonade</u> sorgen und eine <u>Tüte Chips</u> einpacken. Gesine sagt: „Ich backe mit Oma <u>Quarkbrötchen</u> und nehme <u>Käsewürfel</u> mit." Die Kinder wollen sich am Samstag um 15 Uhr treffen. Hoffentlich scheint dann die Sonne.

1) Unterstreiche, was die Kinder zum Picknick mitnehmen.

___ / 11

2) Kreuze alle richtigen Antworten an.

- (x) Vier Kinder planen ein Picknick.
- (x) Dirk bringt nichts zum Essen mit.
- ( ) Sarah will für Getränke sorgen.
- (x) Es soll auch Chips geben.
- (x) Ein Kind will selbstgebackene Brötchen mitbringen.
- ( ) Am Samstag scheint die Sonne.

___ / 4

3) Entscheide. Kreuze an.

Die Kinder nehmen Essen, Getränke und auch Spielzeug mit.

(x) ja ( ) nein ( ) steht nicht im Text

Es gibt gelbe Limonade zum Trinken.

( ) ja ( ) nein (x) steht nicht im Text

___ / 2

Das konnte ich ☺ 😐 ☹

Du hast ______ von 17 Punkten.

Wer ist Piet?

Piet feiert heute in seiner Lieblingsverkleidung ein Piratenfest. Zuerst zieht er das langärmelige T-Shirt und seine knielange Hose an. Danach bindet er sich einen Gürtel um und steckt den Dolch hinein. Nun steigt Piet in die bequemen Turnschuhe. Die Verkleidung ist fast perfekt. Piet muss nur noch das rechte Auge mit der Augenklappe verdecken. Zum Schluss hilft Mama ihm und bindet das Piratentuch um seinen Kopf – fertig! Leider kann Piet seine Piratenflagge nicht finden.

Wer ist Piet? Male den Gürtel rot an.

Hauptgewinn

Ein Losverkäufer hat einen großen Eimer in der Hand und ruft: „Lose! Lose! Hauptgewinn! Hol dir dein liebstes Kuscheltier! Mit einem Fünf-Sterne-Los kannst du dir eines von acht Stofftieren aussuchen. Jedes hat ein großes Namensschild, so weißt du gleich, wie dein neuer Liebling heißt. Schnuff hat lockiges, weißes Fell und Bruno kann brummen, wenn man ihn auf den Bauch legt. Karlo ist grau-weiß getigert und Schweini hat ganz glatte rosa Borsten. Hanno hat lange Schlappohren und Hasso bellt, wenn man seine rechte Pfote drückt, Kiki ist unser Küken und Eiko hat den buschigsten Schwanz.

1) Fülle die Namensschilder aus.
2) Notiere die Tiernamen und die Tierart im Heft.
3) Was fällt dir auf? Kreuze an.

( ) Alle Tiere haben vier Beine. (x) Ein Tier hat einen Schnabel.
(x) Vorname und Tiername beginnen mit dem gleichen Anfangsbuchstaben.

Klassensprecherwahl

Heute wählt die Klasse 3a eine neue Klassensprecherin und einen neuen Klassensprecher. Diese Kinder stehen zur Wahl:

Susi steht ganz links, sie hasst Ungerechtigkeit.
Ganz rechts steht Tom, er wurde noch nie gewählt.
Neben Tom steht Lasse, er denkt immer nur an Fußball.
Das Mädchen neben Susi ist die hilfsbereite Malena.
Neben Malena hat sich der Streitschlichter Hannes hingestellt.
Die beste Rednerin der Klasse ist Luisa.

1) Schreibe zu jedem Kind den Namen.
Verbinde es mit der passenden Sprechblase.

2) Schreibe ins Heft, was die Kinder sagen.
Schreibe so: Susi sagt: „..."

Lösung: Susi sagt: „Ich will mich für mehr Gerechtigkeit einsetzen." Malena sagt: „Ich helfe gerne." Hannes sagt: „Ich kann gut zuhören und Streit schlichten." Luisa sagt: „Ich kann sehr gut reden." Lasse sagt: „Ich bin ein guter Fußballer." Tom sagt: „Ich war noch nie Klassensprecher."

Einladung zur Theateraufführung

3-Tage Training

Einladung zum Theater

am: 20.Mai Beginn: 15.00 Uhr Ende: 17.30 Uhr

Schule: Grundschule am Stadtpark

Raum: Aula Liebe Grüße: Klasse 3b

Die Klasse 3b der „Grundschule am Stadtpark" plant für den 20. Mai eine Theateraufführung, die von 15.00 Uhr bis 17.30 Uhr in der Aula stattfinden soll. Im Kunstunterricht haben die Kinder Einladungskarten entworfen. Die Karte von Bea, Gero, Attila und Isabell gefiel allen am besten. Sie muss nun nur noch zu Ende beschriftet werden. Ganz oben im Balken soll mit großen roten Druckbuchstaben „Einladung zum Theater" stehen. Im unteren Kasten werden alle anderen wichtigen Angaben mit schwarz eingetragen.

1) Schreibe die fehlenden Angaben in die Einladungskarte.

Einladung zur Theateraufführung

3-Tage Training

2) Lies genau und vervollständige die Einladungskarte, schreibe besonders sorgfältig und deutlich.

Die vier Strichmännchen von Bea, Gero, Attila und Isabell geben wichtige Informationen weiter:
Die erste Strich-Figur hält ein Schild über dem Kopf, darauf steht „Vorhang auf". Die zweite Figur schiebt drei Kisten, auf jeder steht ein Wort, liest man von oben nach unten erfährt man den Namen des Theaterstücks: „Hans im Glück". Auf dem kleinen Schild der nächsten Figur steht „2 €" auf dem größeren Schild steht „Eintritt". Das letzte Strichmännchen sitzt auf dem Karton mit der Aufschrift „Pause", dann folgen „Kuchen", „Getränke" und ganz oben steht „Eis".

3) Betrachte die Einladungskarte und prüfe die Sätze. Kreuze an.

	☺	☹	?
Die Schule heißt „Grundschule am Stadtwald".	~~x~~	X	
Das Theaterstück heißt „Hans hat Glück".	~~x~~	X	
Der Eintritt beträgt 2 €.	x		
Vier Kinder haben die Karte entworfen.	x		
Die Aufführung findet in der Turnhalle statt.		x	
Es sind nur Eltern und Lehrer eingeladen.			x
Der Theaternachmittag soll um 17.30 Uhr enden.	x		
Die Klasse 3b hat eine Pause eingeplant.	x		
Eltern helfen beim Verkauf.			x
Es gibt Kuchen und Getränke.	x		
Es gibt nur Sahnetorte und Limonade.		x	
Eis darf auch verkauft werden.	x		
Die Kinder bekommen viel Applaus.			x

Freizeit in der Schule

Lernkontrolle

Handball, Fußball, Tischtennis, Pferde pflegen, Basteln, Töpfern – diese Kurse gibt es jedes Jahr im Nachmittagsprogramm der Schule. Doch in diesem Schuljahr stehen noch ganz andere Kurse auf dem Plan. Nun kann man tolle neue Angebote ausprobieren:

1) Trage die richtige Kursnummer zu jedem Bild ein. __/6

1. Umweltforscher 2. Akrobatik 3. Leseclub
4. Skateboard fahren 5. Kochen und backen 6. Chor

2) Male nach Anweisung. __/6

Die Lupe ist blau.
Schüssel und Kochtopf sind rot.
Die Kinder von Kursbild 6 haben blonde Haare.
Das Kind auf dem letzten Bild trägt ein rotes Piratenkopftuch.
Male der Akrobatin einen Ball auf die Füße.
Schreibe ein großes L auf das Buch vom Leseclub.

3) Male Kursbilder für die Angebote, die es an der Schule schon länger gibt. Schreibe den Kursnamen zum Bild. __/12

Handball Tischtennis Basteln
Fußball Pferde pflegen Töpfern

Das konnte ich ☺ 😐 ☹

Du hast ____ von 24 Punkten.

Hundeposter

Hasso | Fiffi | Anton | Eddi | Sammy | Bello

Bertold sammelt Tierposter. Heute hängt er neue Bilder von verschiedenen Hunden auf. Über den Schreibtisch kommt Kuschelhund Fiffi, der mit offenem Mund genauso überrascht guckt wie Ernie aus der Sesamstraße. Hasso fletscht die Zähne und sieht gefährlich aus, das Poster klebt Bertold außen an seine Kinderzimmertür. Der traurige Eddi und der schlafende Bello hängen nun direkt über dem Bett. Der freundliche Sammy mit den schwarzen Schlappohren ist etwas zerknittert, er bekommt seinen Platz über dem Bücherregal. Und was macht Bertold mit dem lachenden Anton? Er schenkt das Poster seiner Freundin Marlena.

1) Schreibe zu jedem Bild den Namen.
2) Kreise das Bild gelb ein, das Bertold verschenkt.
3) Warum hängt Bertold ein Poster nicht auf? Lies genau. Kreuze die richtige Antwort an.

- ◯ Es ist zerknittert.
- ◯ Es ist zu groß.
- ◯ Marlena bekommt es.
- ⊗ Es ist kein Hund.
- ◯ Es gefällt ihm nicht.

4) An welchen Stellen hängen neue Poster? Kreuze an.

- ◯ neben dem Bett
- ◯ an der Schranktür
- ⊗ über dem Bett
- ⊗ über dem Schreibtisch
- ⊗ über dem Bücherregal
- ⊗ an der Kinderzimmertür, außen

5) Entscheide – richtig oder falsch?

	☺	☹
Alle Hunde schlafen.		x
Nur ein Hund schläft.	x	
Ein Poster zeigt keinen Hund.	x	
Bertold sammelt Tierposter.	x	
Bertold hängt heute nur Hundeposter auf.	x	

Bei „STOPP" ist stopp!

1) Betrachte das Bild und entscheide, ob der Satz zum Bild passt oder nicht. Kreuze an.

	☺	☹
Drei Jungen sind wütend und streiten.		x
Zwei Jungen ballen die Fäuste.	x	
Zwei Jungen haben Streit miteinander.	x	
Der Junge in der Mitte will die anderen ohrfeigen.		x
Die beiden streitenden Kinder könnten Zwillinge sein.	x	
Der Junge in der Mitte ist Streitschlichter.	x	
Jungen mit langen Haaren haben immer Streit.		x
Der mittlere Junge trennt die streitenden Kinder.	x	
Auf dem Pulli steht „HALT".		x
Ein Junge hat eine blutige Nase.		x

2) Schreibe alle passenden Sätze in dein Heft.

3) Überlege, ob die Aussagen richtig oder falsch sind, kreuze an.

	☺	☹
Jungen haben immer Streit.		x
Auch Mädchen streiten mit anderen Kindern.	x	
Streiten und vertragen gehören zusammen.	x	
Mit Fäusten kann man Streit lösen.		x
Ein Streitschlichter soll helfen, Streit zu lösen.	x	
Ein Streitschlichter will immer nur streiten.		x
Wer schreit, hat immer recht.		x
„Stopp" soll bedeuten: „Sofort aufhören!"	x	

Das letzte Blatt

1) Das Bild heißt: Das letzte Blatt
Kreuze an, warum diese Überschrift zum Bild passt.

- ◯ Das letzte Blatt fällt vom Baum.
- ◯ Es gibt nur noch ein Blatt auf der Welt.
- ◯ Das letzte Blatt ist wertvoll.
- ⓧ Das letzte Blatt soll auch noch ab.
- ◯ Jemand findet das letzte Blatt.

2) Nur sieben Sätze passen, um zum Bild eine kurze Geschichte zu erzählen. Kreuze die richtigen Sätze an.

- ◯ Der Frühling lässt die ersten Blätter am Baum wachsen.
- ⓧ Im Herbst haben die Männer der Stadtreinigung viel zu tun.
- ⓧ Sie sind mit Besen, Harken und Mülltonnen unterwegs und fegen Laub und Äste zusammen.
- ◯ Es regnet und ein scharfer Wind bläst ihnen ins Gesicht.
- ⓧ Hoch oben an einer alten Buche baumelt ein letztes Blatt.
- ◯ Die Männer laden Laub und Äste auf ihren Anhänger.
- ⓧ Nun stehen zwei Männer ganz dicht nebeneinander.
- ◯ Die Leiter steht am höchsten Baum.
- ⓧ Der dritte steht breitbeinig auf ihren Schultern.
- ◯ Lachend winkt er einem Spaziergänger zu.
- ⓧ Der vierte bildet die Spitze der Männerpyramide.
- ⓧ Doch, wie ärgerlich, so sehr er sich auch anstrengt, seine Hand kann das Blatt nicht erreichen.
- ◯ Hurra, nun kann er das letzte Blatt pflücken!

3) Schreibe die passenden Sätze in dein Heft.

Passende Sätze: Im Herbst haben die Männer der Stadtreinigung viel zu tun. Sie sind mit Besen, Harken und Mülltonnen unterwegs und fegen Laub und Äste zusammen. Hoch oben an einer alten Buche baumelt ein letztes Blatt. Nun stehen zwei Männer ganz dicht nebeneinander. Der dritte steht breitbeinig auf ihren Schultern. Der vierte bildet die Spitze der Männerpyramide. Doch, wie ärgerlich, so sehr er sich auch anstrengt, seine Hand kann das Blatt nicht erreichen.

4) Unterteile den Endlos-Satz, schreibe ihn in dein Heft. Was meinst du? Gib eine Antwort auf die Frage.

So/ein/Unfug,/haben/die/Arbeiter/denn/nichts/Besseres/zu/tun,/als/eine/Menschenpyramide/zu/bauen/und/einzelne/Blätter/zu/pflücken?

Hinweis für den Lehrer/die Lehrerin: Antwort muss zeigen, dass klar wird, dass dieses keine realitätsnahe Geschichte ist.

Klettern

Bild 1 Bild 2 Bild 3

1) Der Zeichner nannte seine Bildergeschichte „Klettern", denn:

- ◯ Mutter und Sohn gehen Bergsteigen.
- ◯ Die Mutter hat Angst vor dem Klettern.
- ⓧ Es passiert nichts beim Klettern, aber etwas passiert, weil der Sohn klettert.
- ◯ Der Sohn verletzt sich beim Klettern.

2) Unterstreiche mit Blau, was der Sohn sagt und mit Rot, was die Mutter sagt. Notiere, zu welchem Bild der Satz passt.

- Bild 1: „Oh nein! Was machst du denn da oben?" Mutter
- Bild 1: „Guck mal, hier oben bin ich!" Sohn
- Bild 1+2: „Hilfe, Hilfe, mein Sohn stürzt gleich ab!" Mutter
- Bild 3: „Hallo Mama, gute Besserung. Die Blumen sind für dich!" Sohn
- Bild 1: „Achtung, ich springe!" Sohn
- Bild 1: „Oh, das ist ein toller Kletterbaum!" Sohn
- Bild 1+2: „Halt dich gut fest, ich komme!" Mutter

3) Was passiert zwischen Bild 2 und Bild 3? Kreuze die passenden Sätze an.

- ⓧ Aus Angst um den Sohn achtet die Mutter nicht auf den Weg.
- ◯ Die Mutter klettert über den großen Stein.
- ⓧ Sie stolpert über einen großen Stein und fällt hin.
- ◯ Sie holt die Feuerwehr, um den Sohn vom Baum zu retten.
- ⓧ Die Mutter kann nicht mehr auftreten und muss ins Krankenhaus.
- ◯ Der Sohn stürzt und bricht sich den Arm.
- ⓧ Sie hat sich den Fuß gebrochen und bekommt einen Gips.

Zusatz: Schreibe die Geschichte auf.
Du kannst die Sätze von Aufgabe 2 und 3 zur Hilfe nehmen.

Geschichte könnte wie folgt lauten: Mutter und Sohn machen einen Ausflug. Auf einmal denkt der Sohn: „Oh, das ist ein toller Kletterbaum!" Und schon ist er oben und winkt: „Guck mal, hier oben bin ich!" Als die Mutter ihn sieht, bekommt sie einen Schreck: „Halt dich gut fest, ich komme!" Der Sohn ruft: „Achtung, ich springe!" Die Mutter rennt los und aus Angst um den Sohn achtet sie nicht auf den Weg. Sie schreit laut: „Hilfe, Hilfe, mein Sohn stürzt gleich ab!" Sie stolpert über einen großen Stein und fällt hin. Die Mutter kann nicht mehr auftreten und muss ins Krankenhaus. Sie hat sich den Fuß gebrochen und bekommt einen Gips. Als ihr Sohn sie im Krankenhaus besucht, sagt er: „Hallo Mama, gute Besserung. Die Blumen sind für dich!"

Der letzte Apfel

4-Tage-Training

Nummeriere die Sätze in der Erzählreihenfolge von 1–12 und schreibe die Geschichte in dein Heft.

- (2) Nur ein letzter Apfel hängt noch weit oben an einem Ast.
- (1) Es ist Oktober und der Apfelbaum hat kein einziges Blatt mehr.
- (7) Aber den Apfel kann er auch mit dem Stock nicht ernten.
- (11) Sie geben es auf, kehren dem Baum den Rücken zu und gehen davon.
- (3) Der Vater rüttelt am Baum, aber der Apfel fällt nicht herab.
- (12) Keiner sieht, dass der Apfel zu Boden fällt.
- (4) Dann wirft der Sohn seinen Handstock nach dem Apfel.
- (9) Nun hängen ein Apfel und ein Schuh im Baum.
- (5) Doch der Apfel bleibt hängen und der Handstock trifft Vaters Kopf.
- (6) Danach klettert Vater mit dem Stock in der Hand den Stamm hoch.
- (8) Im nächsten Versuch wirft Vater seinen Schuh in Richtung Apfel.
- (10) Mit dem Stock kann Vater schließlich den Schuh wieder herunterholen.

1) Schreibe die Geschichte in der richtigen Reihenfolge auf und setze sie dabei in die einfache Vergangenheit (Präteritum).

Diese Verbformen helfen dir:
blieb, fiel, fiel, gaben auf, gingen, hatte, hing, hingen, kehrten, kletterte, konnte, rüttelte, sah, traf, war, warf, warf

2) Betrachte die Bildgeschichte und bewerte die Aussagen mit richtig ☺, falsch ☹, unbekannt ?

	☺	☹	?
Der Apfelbaum hat sehr viele Äpfel getragen.			x
Der Vater hat eine Glatze und einen Schnurrbart.	x		
Nur der Vater versucht, den Apfel zu ernten.		x	
Nur der Sohn versucht, den Apfel zu ernten.		x	
Vater und Sohn versuchen beide, den Apfel zu ernten.	x		
Sie wollen sich den Apfel teilen.			x
Der Vater wird wütend, als der Stock seinen Kopf trifft.			x
Bei den Ernteversuchen bricht ein Zweig vom Apfelbaum ab.		x	
Der Sohn wirft keinen Schuh in den Baum.	x		
Ein Windstoß hat den Apfel vom Baum geweht.			x

3) Schreibe die unbekannten Aussagen wie im Beispiel auf:

Ich weiß nicht, ob …

Wer sagt was? Ordne die Sprechblasen den Personen zu.

Du hast nicht genug Kraft, um den Apfel vom Baum zu schütteln. Sohn

Halte dich fest, sonst fällst du gleich runter. Sohn

Und wie bekommst du nun deinen Schuh wieder? Sohn

Ich werde uns eine ganze Tüte mit Äpfeln kaufen. Vater

Mit dem Schuh kann ich gut zielen. Vater

Aua, du hast mich getroffen. Vater

4) Schreibe ins Heft.
Der Vater schimpft / behauptet / verspricht: „…"
Der Sohn sagt / ruft / fragt: „…"

Bilder erzählen eine Geschichte

Lernkontrolle

1) Eine Überschrift passt besonders gut zur Geschichte. Kreuze sie an. __ / 1

- ◯ Ein Mann und sein Hund
- ◯ Gassi gehen
- ⊗ Das falsche Stöckchen
- ◯ Oh Tannenbaum

2) Nummeriere die Sätze, sodass die Erzählreihenfolge stimmt. __ /7

(3) Walter holt aus und wirft den Stock schön weit weg.
(7) Waldi bringt einen Baumstamm mit Wurzeln und Baumkrone mit.
(1) Walter spielt gerne mit seinem Hund Waldi Stöckchen holen.
(4) Sofort saust Waldi los.
(5) Er schnüffelt und schnüffelt und sucht sein Stöckchen.
(2) Schwanzwedelnd gibt Waldi sein Stöckchen bei Herrchen ab.
(6) Doch was ist das, das ist doch nicht der richtige Stock!

3) Betrachte die Bildgeschichte und bewerte die Aussagen mit passt ☺, passt nicht ☹, unbekannt ? __ /10

	☺	☹	?
Der Hund und sein Herrchen spielen gerne Stöckchen holen.	x		
Frauchen spielt auch mit.		x	
Der Hund ist ein Dackel.		x	
Der Mann versteckt den Stock hinter dem Rücken.		x	
Der Hund schnüffelt und sucht.	x		
Der Baum wurde von einem Arbeiter gefällt.			x
„Hasso, das hast du gut gemacht."		x	
„Aber Waldi, du darfst doch keine Bäume ausreißen."	x		
Dieser Hund ist stärker als ein echter Hund.	x		
Waldi konnte sein Stöckchen nicht finden.	x		

4) Notiere die Bildnummer. __ / 4

Bild 3 : Waldi schnüffelt und sucht das Stöckchen.
Bild 4 : Waldi schafft etwas Unmögliches.
Bild 2 : Das Stöckchen fliegt durch die Luft.
Bild 1 : Waldi springt vor seinem Herrchen hoch.

5) Schreibe die Sätze von Aufgabe 2 geordnet und in der Vergangenheit auf.

Diese Verformen helfen dir:
brachte, gab, holte, sauste, schnüffelte, schnüffelte, spielte, suchte, war, war, warf

Text geordnet im Präteritum
(1) Walter spielte gerne mit seinem Hund Waldi Stöckchen holen.
(2) Schwanzwedelnd gab Waldi sein Stöckchen bei Herrchen ab.
(3) Walter holte aus und warf den Stock schön weit weg.
(4) Sofort sauste Waldi los.
(5) Er schnüffelte und schnüffelte und suchte sein Stöckchen.
(6) Doch was war das, das war doch nicht der richtige Stock!
(7) Waldi brachte einen Baumstamm mit Wurzeln und Baumkrone mit.

Das konnte ich ☺ 😐 ☹

Du schreibst ____ von 59 Wörtern richtig.
Du erreichst ____ von 22 Punkten.

Auf dem Flohmarkt

Heute findet wieder kein Flohmarkt im Stadtpark statt. Schon am ganz späten Morgen bauen Mathilda und Papa alles auf. Der Marktstrand ist der Tapeziertisch von Oma und Opa. Papa will alte Bücher, Geschirr, Töpfe und Werkzeuge verlaufen. Mathilda sackt Puzzles, Spiele und Kinderkleidung auf den Tisch. Hoffentlich kommen wenige Leute und kaufen bei Papa und Mathilda. Wenn Mathilda Pech hat, nimmt sie genug Geld ein, um sich eine Digitalkamera zu kaufen.

1) Lies den Text, unterstreiche in jedem Satz ein falsches Wort, schreibe es auf und notiere das richtige Wort dahinter.

falsch	kein	richtig	ein
falsch	späten	richtig	frühen
falsch	Marktstrand	richtig	Marktstand
falsch	verlaufen	richtig	verkaufen
falsch	sackt	richtig	packt
falsch	wenige	richtig	viele
falsch	Pech	richtig	Glück

2) Schreibe den Text mit den richtigen Wörtern in dein Heft.

richtiger Text: **Auf dem Flohmarkt**
Heute findet wieder ein Flohmarkt im Stadtpark statt.
Schon am ganz frühen Morgen bauen Mathilda und Papa alles auf. Der Marktstand ist der Tapeziertisch von Oma und Opa. Papa will alte Bücher, Geschirr, Töpfe und Werkzeuge verkaufen. Mathilda packt Puzzles, Spiele und Kinderkleidung auf den Tisch. Hoffentlich kommen viele Leute und kaufen bei Papa und Mathilda. Wenn Mathilda Glück hat, nimmt sie genug Geld ein, um sich eine Digitalkamera zu kaufen.

3) Vervollständige die Sätze mithilfe des Textes.

Papa und Mathilda besuchen einen Flohmarkt.
Sie haben sich von Oma und Opa den Tapeziertisch ausgeliehen.
Mathilda verkauft Puzzles, Spiele und Kinderkleidung.
Mathilda möchte sich von den Flohmarkteinnahmen eine Digitalkamera anschaffen.

Tommis Schatzkiste

Tommi sammelt Schätze. Er hat einen großen Karton. Dort kommt alles hinein, was er als Erinnerung aufheben möchte:
Der kleine Steuerfein erinnert ihn an die Fommerserien im Leltzager. Die Fänsegeder hat er mit Tante Anni an der Sordnee gefunden, und auch die grüne Schlasgerbe lag am Strand. Die Wordseenellen haben die scharfen Kanten ganz glatt geschliffen. In Tommis Katzschiste liegen auch noch eine Kostparte, ein langer Findbaden, ein rostiges Steldgück und ein alter Schahrfein.

1) Lies den Text und unterstreiche alle falschen Wörter.

2) Schreibe auf, wie die Wörter richtig heißen müssen.

Feuerstein	Sommerferien
Zeltlager	Gänsefeder
Nordsee	Glasscherbe
Nordseewellen	Schatzkiste
Postkarte	Bindfaden
Geldstück	Fahrschein

3) Schreibe den Text mit den richtigen Wörtern in dein Heft.

Lösung: Tommis Schatzkiste
Tommi sammelt Schätze. Er hat einen großen Karton. Dort kommt alles hinein, was er als Erinnerung aufheben möchte:
Der kleine Feuerstein erinnert ihn an die Sommerferien im Zeltlager. Die Gänsefeder hat er mit Tante Anni an der Nordsee gefunden, und auch die grüne Glasscherbe lag am Strand. Die Nordseewellen haben die scharfen Kanten ganz glatt geschliffen. In Tommis Schatzkiste liegen auch noch eine Postkarte, ein langer Bindfaden, ein rostiges Geldstück und ein alter Fahrschein.

4) Male, was in der Schatzkiste liegt. Beschrifte die Gegenstände.

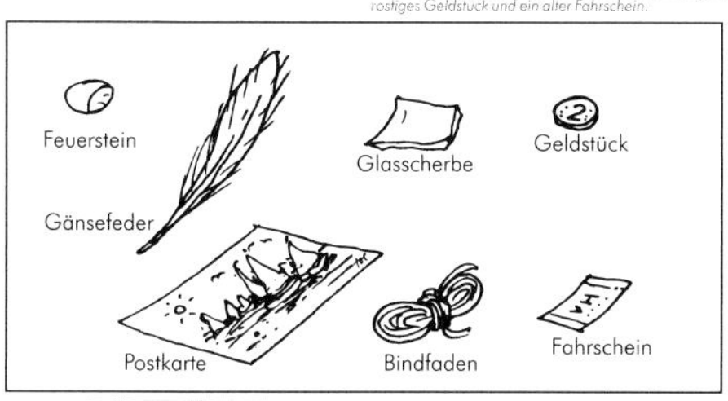

Wie wird das Wetter?

Am Morgen endet der Tag mit überwiegend dichter Bewölkung. Im weiteren Tagesverlauf kommt es nie wieder zu Regenschauern und kurzen Gewittern. Starker Wind scheint aus nördlicher Richtung und die Sonne weht nur selten am Himmel. Erst am Nachmittag verschlechtert sich die Wetterlage.
Die Sonne lässt sich seltener blicken und die Temperaturen sinken von 15° C auf 20° C. In der Nacht versteckt sich ein klarer Sternenhimmel.

1) Lies den Text aufmerksam und unterstreiche acht falsche Wörter. Die Sternchen helfen dir.

nie · endet · verschlechtert · sinken · versteckt · weht · scheint · seltener

2) Schreibe die richtige Wettervorhersage in dein Heft, indem du die falschen Wörter ersetzt. Die Wörter in der Wolke helfen dir.

häufiger
immer zeigt weht scheint
verbessert
beginnt steigen

Wie wird das Wetter? Ersetzte Wörter sind unterstrichen dargestellt:
Am Morgen beginnt der Tag mit überwiegend dichter Bewölkung. Im weiteren Tagesverlauf kommt es immer wieder zu Regenschauern und kurzen Gewittern. Starker Wind weht aus nördlicher Richtung und die Sonne scheint nur selten am Himmel. Erst am Nachmittag verbessert sich die Wetterlage. Die Sonne lässt sich häufiger blicken und die Temperaturen steigen von 15° C auf 20° C. In der Nacht zeigt sich ein klarer Sternenhimmel.

3) Wie wird das Wetter?
Bewerte die Aussagen mit richtig (r) oder falsch (f).

Für den Morgen wird Bewölkung vorhergesagt. r
Es wird nicht regnen. f
Mit Gewittern muss an diesem Tag gerechnet werden. r
Der Wind kommt aus Richtung Norden. r
Das Wetter ändert sich auch am Nachmittag nicht. f
Abends kann man die Sterne am Himmel sehen. r

Ich bin die Luft

Karte 1
Ich bin die Luft.
Mein bester Freund ist der Regen. Er pustet alles trocken.

Karte 2
Ich bin die Luft.
Meine Lieblingstiere sind die Fische. Ich trage sie durch die Welt.

Karte 3
Ich bin die Luft.
Ohne mich kannst du nicht leben.
Du brauchst meinen Stickstoff.

Karte 4
Ich bin die Luft.
Der Herbststurm zeigt dir meine Schwäche.

Karte 5
Ich bin die Luft.
Oft leide ich unter der Umweltsäuberung.

Karte 6
Ich bin die Luft.
Ich liebe den Mond, weil er mich wärmt.

1) Unterstreiche sechs falsche Wörter und notiere die richtigen.

1. Wind	2. Vögel
3. Sauerstoff	4. Stärke
5. Umweltverschmutzung	6. die Sonne

2) Schreibe nun die richtigen Aussagen in dein Heft.

3) Überprüfe die Aussagen und notiere, zu welcher Karte sie gehören.

Karte 5: Fabriken und Autoabgase verunreinigen die Luft.
Karte 1: Der Wind trocknet die Wäsche auf der Leine.
Karte 4: Herbststürme können Bäume entwurzeln.
Karte 3: Der Mensch braucht die Luft zum Atmen.
Karte 2: Vögel schweben durch die Lüfte.
Karte 6: Die Sonnenstrahlen erwärmen den Sommerwind.

Heinrich Hoffmann:
Die Geschichte vom fliegenden Robert

3-Tage-Training

Wenn der Regen durchsaust,
wenn der Sturm das Feld niederbraust,
bleiben Mädchen oder Stuben
hübsch daheim in ihren Buben.
Robert aber dachte: sein!
Das muss draußen herrlich Nein!
Und im Felde patschet umher
mit dem Regenschirm er.

1) Immer zwei Reimwörter wurden vertauscht. Unterstreiche sie und schreibe die 1. Strophe richtig in dein Heft.
Zusatz: Lerne die 1. Strophe auswendig.

Hui, wie pfeift ~~segelt~~ der Sturm und keucht,
dass der ~~Mond~~ Baum sich niederbeugt!
Seht!, den Schirm erfasst der ~~Wald~~ Wind
und der Robert fliegt ~~liegt~~ geschwind
durch die Luft, so ~~tief~~ hoch, so weit.
Niemand hört ihn, wenn er schreit ~~weint~~.
An die Wolken stößt er ~~sie~~ schon
und der Hut ~~liegt~~ fliegt auch davon.

2) In jede Zeile hat sich ein falsches Wort eingeschlichen, streiche es und schreibe die 2. Strophe richtig in dein Heft.
Zusatz: Lerne die 2. Strophe auswendig.

Schirm und Robert wandern dort fliegen
durch die Wolken immerzu. immerfort
Und die Mütze fliegt weit voran, der Hut
kommt zuletzt am Himmel an. stößt
Wo der Sturm sie hingetragen, Wind
ja, das weiß kein Tier zu sagen. Mensch

Wind der Hut fliegen Mensch immerfort stößt

3) Finde für die unterstrichenen Wörter die richtigen Begriffe aus dem Kasten und schreibe die 3. Strophe in dein Heft.
Zusatz: Lerne die 3. Strophe auswendig.

Schule heute

Lernkontrolle

1) Lies genau und unterstreiche in jedem Satz ein falsches Wort. ___ / 8

Alle Kinder humpeln vom Pausenhof in den Klassenraum.
Die Schülerinnen und Schüler stellen sich auf ihre Stühle.
Lehrer und Kinder wünschen sich einen „schlechten Morgen".
Danach endet der Unterricht mit ganz verschiedenen Aufgaben.
In den Pausen darf nie gegessen und getrunken werden.
Das Toben und Spielen ist auf dem Schulhof verboten.
In vielen Schulen kann man ein Abendessen kaufen.
Häufig werden nachts Kurse angeboten.

2) Notiere das falsche Wort und finde ein passendes. ___ / 8

falsch humpeln — richtig gehen
falsch stellen — richtig setzen
falsch schlechten — richtig guten
falsch endet — richtig beginnt
falsch nie — richtig immer
falsch verboten — richtig erlaubt
falsch Abendessen — richtig Mittagessen
falsch nachts — richtig nachmittags

3) Streiche das falsche Wort, sodass ein passender Satz entsteht. ___ / 6

In den Gruppen muss leise ~~laut~~ gearbeitet werden.
Bei Partnerarbeit sollen die Kinder sich helfen ~~stören~~.
Wer etwas nicht verstanden hat, ~~ärgert~~ fragt seinen Nachbarn.
Hausaufgaben sollten ~~nie~~ immer erledigt werden.
Im Gesprächskreis lassen wir jeden ~~auspacken~~ ausreden.
Hefte und Mappen gehören in die Schultasche ~~Sporttasche~~.

Das konnte ich ☺ 😐 ☹

Du erreichst ___ von 22 Punkten.

Umweltschutz in der Schule

1) Verbinde Wörter mit ähnlicher Bedeutung.

1	2
Abfall	schnell
zügig	Müll
schmutzig	erzeugen
am Anfang	sich beteiligen
verursachen	verhindern
vermeiden	zu Beginn
mitmachen	dreckig

2) Lies und unterstreiche die Wörter aus Kasten 1 im folgenden Text. Achtung, manches Wort kommt mehrfach vor!

Umweltschutz in der Schule

In der Frühstückspause verursachen die Kinder der 3a stets viel Abfall.
Anschließend ist auch immer der Papierkorb voll und schmutzig.
„Wie können wir das vermeiden?"
Am Anfang haben die Kinder viel diskutiert.
Doch dann sammelten sie zügig verschiedene Vorschläge.
Mit Brotdosen und Mehrwegflaschen will die 3a Abfall vermeiden.
Auch die Klasse 3b möchte mitmachen.

3) Verändere den Text, indem du für die unterstrichenen Wörter die ähnlichen Begriffe aus Kasten 2 benutzt. Schreibe im Heft.

Umweltschutz in der Schule

In der Frühstückspause erzeugen …

die Kinder der 3a stets viel Müll.
Anschließend ist auch immer der Papierkorb voll und dreckig.
„Wie können wir das verhindern?"
Zu Beginn haben die Kinder viel diskutiert.
Doch dann sammelten sie schnell verschiedene Vorschläge.
Mit Brotdosen und Mehrwegflaschen will die 3a Mülll verhindern.
Auch die Klasse 3b möchte sich beteiligen.

Liebes Tagebuch

1) Lies den Text.

Liebes Tagebuch,

jetzt möchte ich dir ein Geheimnis anvertrauen.
Heute Morgen habe ich auf dem Bürgersteig ein Geldstück gefunden.
Es waren 2 €. Glaubst du, dass ich sie behalten darf?
Sie sind nun in meiner Schatzkiste.
Ich benötige nur noch 5 €. Dann kann ich Mama zum Geburtstag mit einem Blumenstrauß erfreuen. In zwei Tagen helfe ich Ronny beim Austragen der Zeitungen. Dafür bekomme ich stets etwas Taschengeld.

Johanna

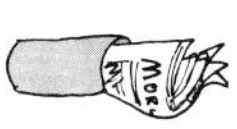

2) Unterstreiche im Text die Wörter mit ähnlicher Bedeutung.

Mutti – Fußweg – nun – geliebtes – Schatztruhe – an diesem Morgen – denkst du – ich brauche – beglücken – übermorgen – immer – beim Verteilen – eine Münze – erhalte ich

3) Schreibe den Tagebuch-Eintrag mit den Wörtern von Aufgabe 2 auf. Unterstreiche diese Wörter.

Achte auf die Rechtschreibung und denke an die Großschreibung am Satzanfang.

Geliebtes Tagebuch,
nun

möchte ich dir ein Geheimnis anvertrauen.
An diesem Morgen habe ich auf dem Fußweg eine Münze gefunden. Es waren 2 €. Denkst du, dass ich sie behalten darf?
Sie sind nun in meiner Schatztruhe.
Ich brauche nur noch 5 €. Dann kann ich Mutti zum Geburtstag mit einem Blumenstrauß beglücken. Übermorgen helfe ich Ronny beim Verteilen der Zeitungen. Dafür erhalte ich immer etwas Taschengeld.

Johanna

Sommerferien – Sommerurlaub

1) Lies die Texte. Sie sind sehr ähnlich. Unterstreiche die Wörter mit fast gleicher Bedeutung.

Text 1: Ferienwochen	Text 2: Ferientage
Familie Kramer verbringt die Sommerferien fast immer an der Nordsee. Alle schlafen dann auf einem Campingplatz im Wohnwagen. Nicht weit weg ist der Strand. Dort können die Kinder den ganzen Tag im Sand graben und Muscheln entdecken. Am Abend gucken sie sich mit Mama und Papa die Sterne am Himmel an.	Familie Kramer verlebt den Sommerurlaub meistens an der Nordsee. Alle übernachten dann auf einem Zeltplatz im Wohnwagen. Ganz nahe ist der Strand. Da können die Kinder den ganzen Tag im Sand buddeln und Muscheln finden. Am Abend sehen sie sich mit Mutti und Papi die Sterne am Himmel an.

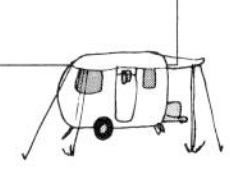

2) Notiere die Wörter paarweise.

1. Ferienwochen	1. Ferientage
2. verbringt	2. verlebt
3. die Sommerferien	3. den Sommerurlaub
4. fast immer	4. meistens
5. schlafen	5. übernachten
6. Campingplatz	6. Zeltplatz
7. nicht weit weg	7. ganz nahe
8. dort	8. da
9. graben	9. buddeln
10. entdecken	10. finden
11. gucken	11. sehen
12. Mama	12. Mutti
13. Papa	13. Papi

Wunderliche Texte neu gestalten

2-Tage-Training

Hilfe für die Hexe

Linda und Linus laufen durch den Wald.
Plötzlich steht eine kleine Hexe vor ihnen.
Die Hexe weint und weint. Linda sieht
die Hexe genau an. Ihr Zauberstock
ist zerbrochen. Linus schaut in Lindas Richtung
und denkt nach. Dann redet Linus mit der Hexe:
„Kennst du keinen Zauberspruch,
um deinen Stock zu reparieren?"
„Das ist eine gute Idee!",
antwortet die kleine Hexe fröhlich.

auf einmal
Zauberstab
heult
rennen
guckt
spricht
blickt
glücklich
Stab
überlegt
ein guter Einfall
winzige

1) Unterstreiche die Wörter im Text, die eine ähnliche Bedeutung haben wie die Wörter im Kasten.
2) Schreibe den Text mit den neuen Wörtern ins Heft.

Hilfe für die Hexe
Linda und Linus rennen durch den Wald. Auf einmal steht eine winzige Hexe vor ihnen. Die Hexe heult und heult. Linda guckt/blickt die Hexe genau an. Ihr Zauberstab ist zerbrochen. Linus blickt/guckt in Lindas Richtung und überlegt. Dann spricht Linus mit der Hexe:
„Kennst du keinen Zauberspruch, um deinen Stab zu reparieren?"
„Das ist ein guter Einfall!" antwortet die winzige Hexe glücklich.

Unheimlich

Auf der Burg Schreckenstein hausen Hoho und Huibui.
Diese zwei Gespenster geistern durch die Burgruine und erschrecken jeden,
der in der Burg schläft. Sie lachen mit schrecklichen Stimmen und schwenken
ihre Ketten hin und zurück. Ihre Hunde bellen laut. Jeder Gast flieht schnell
aus der Burg, wenn die Nacht zu Ende ist.

1) Unterstreiche die Wörter im Text, die eine ähnliche Bedeutung haben wie die Wörter im Kasten.
2) Schreibe den Text mit den neuen Wörtern ins Heft. Achtung, manchmal musst du die Wörter verändern!

beide – Geister – spuken – übernachten – furchtbar – gruselig – schwingen – hin und her – flüchten – vorüber – wohnen – eilig – kläffen

Gruselig
Auf der Burg Schreckenstein wohnen Hoho und Huibui. Diese beiden Geister spuken durch die Burgruine und erschrecken jeden, der in der Burg übernachtet. Sie lachen mit furchtbaren Stimmen und schwingen ihre Ketten hin und her. Ihre Hunde kläffen laut. Jeder Gast flüchtet eilig aus der Burg, wenn die Nacht vorüber ist.

Janne träumt

Lernkontrolle

1) Verbinde die Wörter, die eine ähnliche Bedeutung haben.

sehr alt	schmökern
lesen	korrigieren
verbessern	uralt
schüchtern	unglaublich
ohne Inhalt	zurückhaltend
erstaunlich	leer

__ / 6

2) Notiere ein Wort mit ähnlicher Bedeutung.

leise sprechen: flüstern
ein Gebäude: ein Haus / ein Bauwerk
kuschelig: weich
intelligent: schlau

__ / 4

3) Kreise die Wörter mit ähnlicher Bedeutung im Text ein und verbinde sie mit dem passenden Wort im Kasten.

__ / 7

hockte - verwandelte - schwebte

Janne hatte einen Traum. Eine Fee flog durch ihr Zimmer. Ein Zauberer verzauberte den Teddybären in einen Hund. Ein Gespenst saß auf dem Kleiderschrank. Ein Riese zertrampelte die Spielsachen und zehn Zwerge fraßen ihren Lieblingspullover auf. Zum Glück läutete der Wecker und verscheuchte den Traum.

klingelte - futterten - zertrat - vertrieb

4) Schreibe den Text mit den neuen Wörtern auf.

Janne hatte einen Traum. Eine Fee schwebte durch ihr Zimmer. Ein Zauberer verwandelte den Teddybären in einen Hund. Ein Gespenst hockte auf dem Kleiderschrank. Ein Riese zertrat die Spielsachen und zehn Zwerge futterten ihren Lieblingspullover auf. Zum Glück klingelte der Wecker und vertrieb den Traum.

Das konnte ich ☺ 😐 ☹

Du schreibst _____ von 45 Wörtern richtig.

Du erreichst _____ von 17 Punkten.

Löwen

1) Lies den Text.

Löwen

Ein Löwe, ~~so steht es im Lexikon~~, gehört zur Art der Katzen.
Er lebt, ~~was viele nicht wissen~~, als einzige Katzenart in einem Rudel.
~~Kaum zu glauben~~, zu einem Rudel können drei bis 30 Tiere gehören.
Das männliche Tier, ~~das weiß wohl jeder~~, trägt eine große Mähne.
Die Heimat der Löwen, ~~das ist nicht der Zoo~~, das ist Afrika.
Löwen jagen, ~~wie andere Raubtiere auch~~, meist bei Dunkelheit.
Aber auch in den kühlen Morgenstunden, ~~so berichten die Experten~~,
lauern Löwen ihrer Beute auf.
Zu den Beutetieren, ~~die von vielen Menschen bedauert werden~~,
gehören Antilopen, Gazellen, Gnus und Zebras.

2) Du hast im Text oben Informationen über Löwen erhalten. Streiche in jedem Satz den unnötigen Nebensatz weg.

Beispiel:

Ein Löwe, ~~das weiß jedes Kind~~, ist ein Raubtier.

3) Schreibe die gekürzten Sätze in dein Heft. Prüfe, welche Kommas stehen bleiben.

4) Prüfe am Text und bewerte die Aussagen mit richtig (r) oder falsch (f).

Abgesehen von den Löwen, leben Katzen nicht in Rudeln. r

Zu jedem Rudel gehören 30 Tiere. f

Die Heimat der Löwen ist Amerika. f

Alle Löwen haben eine Mähne. f

Löwen jagen zu jeder Tages- und Nachtzeit. f

Löwen jagen Tiere, die größer sind als sie selbst. r

Mit der Klasse verreisen

Die Jungen und Mädchen der Klasse 3c sind schon ganz aufgeregt, denn sie wollen von Montag bis Freitag in einer Jugendherberge übernachten. Ohne ihren kleinen **Kuschelhasen** will Petra nicht verreisen. Im Unterricht haben sie besprochen, was jeder mitnehmen muss. *Besonders wichtig sind feste Schuhe, denn sie planen eine lange Bergwanderung. Aber auch Handtuch und Badesachen dürfen sie nicht vergessen, denn es gibt auch einen Badesee.* Direkt nebenan ist ein Bolzplatz, deshalb will Andreas nicht ohne seinen **Fußball** verreisen. Für die Nachtwanderung sollen alle Kinder eine Taschenlampe mitbringen.

1) Unterstreiche die Sätze mit Rot, die angeben, was jeder für die Klassenreise einpacken muss.

2) Unterstreiche die Sätze mit Blau, die angeben, was einzelne Kinder auf die Klassenreise mitnehmen möchten.

3) Notiere.

Alle Kinder brauchen: feste Schuhe, Handtuch und Badesachen, eine Taschenlampe

Das nimmt nur Petra mit: ihren kleinen Kuschelhasen

Das will Andreas einpacken: seinen Fußball

4) Kreuze an, was du aus dem Text erfährst.

- (x) Die Klasse 3c macht eine Klassenreise.
- ( ) Die Klasse 3c fährt in ein Jugendhotel.
- (x) Die Klasse 3c will wandern und baden.
- ( ) Die Klasse 3c plant ein Fußballturnier.
- (x) Die Klasse 3c plant eine Nachtwanderung.
- (x) Die Klasse 3c verbringt vier Nächte in der Jugendherberge.
- ( ) Zur Klasse 3c gehören Petra und Andrea.
- (x) Zur Klasse 3c gehören Andreas und Petra.

Buchvorstellung

Die Kinder der Klasse 3a haben von ihrem Lieblingsbuch eine Buchvorstellung erstellt. Heute ist Karsten an der Reihe. Das Buch ist aus der Reihe „Sonne, Mond und Sterne". Es gehört zu seinen Lieblingsbüchern. Die Autorin heißt Kirsten Boie. Karsten hat noch mehr Bücher von ihr. Karsten hat das Buch mit dem Titel „King-Kong, das Zirkusschwein" ausgewählt. Von der Handlung darf man in einer Buchvorstellung nicht viel verraten. Doch ein bisschen muss Karsten die Kinder der Klasse neugierig machen: Jan-Arne hat ein Meerschweinchen, das King-Kong heißt, und beim Schulzirkus wollen die beiden Kunststücke vorführen. Das Buch war spannend und witzig und die farbigen Bilder gefielen Karsten besonders gut.

Für die Buchvorstellung musste Karsten diesen Arbeitsbogen ausfüllen.
In die rechte Ecke malte er ein Meerschweinchen.

Name der Buchreihe: Sonne, Mond und Sterne

Autor/Autorin: Kisten Boie

Buchtitel: King-Kong, das Zirkusschwein

Über den Inhalt des Buches: Jan-Arne hat ein Meerschweinchen, das King-Kong heißt, und beim Schulzirkus wollen die beiden Kunststücke vorführen.

Das Buch war ○ langweilig ○ lustig ⓧ witzig ○ traurig ⓧ spannend

Das gefiel mir besonders gut: die farbigen Bilder

Dieses Buch wurde vorgestellt von Karsten

Kleinanzeigen

3-Tage Training

Anzeigen in Zeitungen kosten Geld.
Je länger eine Anzeige ist, umso teurer wird sie. Deshalb steht in Anzeigen alles Wichtige nur in Stichworten.

Roller zu verkaufen, dunkelblau, gut erhalten, keine Kratzer, beide Reifen neu, Klingel und Bremse funktionieren, 30 €.

Wie könnten die folgenden Anzeigen lauten?
Streiche unnötige Wörter weg und schreibe eine Anzeige aus Stichworten wie im oberen Beispiel in dein Heft.
Trenne die Stichworte mit Kommas!

Anzeige 1

~~Ich habe ein~~ Fahrrad zu verkaufen. ~~Es sieht~~ schwarz-weiß ~~aus und ist~~ gut gepflegt. ~~Außerdem hat es eine~~ 5-Gang-Schaltung. ~~Das Rad ist~~ verkehrssicher. ~~Das Fahrrad ist mit einem~~ Gepäckträger ~~und einem~~ Fahrradständer ~~ausgestattet. Es soll noch~~ 50 € ~~kosten~~.

Lösung: Fahrrad zu verkaufen, schwarz–weiß, gut gepflegt, 5-Gang-Schaltung, verkehrssicher, Gepäckträger, Fahrradständer, 50 €.

Anzeige 2

~~Wir haben~~ drei Hundebabys zu verkaufen. ~~Sie sind~~ männlich. ~~Es sind~~ Schäferhundmischlinge. ~~Sie werden~~ nur an Tierliebhaber ~~abgegeben.~~ ~~Die Hunde sind jetzt~~ 9 Wochen alt. ~~Die Tiere sind~~ gesund und geimpft. Bei Interesse ~~können Sie~~ nach 18 Uhr ~~unter folgender Telefonnummer nachfragen:~~ 0173 – 4455990.

Lösung: drei Hundebabys zu verkaufen, männlich, Schäferhundmischlinge, nur an Tierliebhaber, 9 Wochen alt, gesund und geimpft. Bei Interesse nach 18 Uhr: 0173 – 4455990

Anzeige 3

~~Ich verkaufe eine~~ neuwertige Reithose ~~und~~ Fußballschuhe, ~~die~~ kaum getragen ~~wurden~~. ~~Die~~ Hose ~~hat die~~ Größe 134, fällt ~~jedoch~~ groß aus ~~und soll nur~~ 20 € ~~kosten. Die~~ Schuhe ~~sind~~ Größe 34 ~~und die biete ich für~~ 15 € ~~an~~.

Lösung: neuwertige Reithose, Fußballschuhe, kaum getragen, Hose Größe 134, fällt groß aus, 20 €, Schuhe Größe 34, 15 €.

Wie Tiere sich bewegen

Lernkontrolle

Das Pferd ~~von Bauer Schröder~~ galoppiert ~~über die Wiese.~~ Ein Storch~~, der sein Nest auf der alten Scheune hat~~, stolziert ~~am Teich hin und her.~~ Zwei Enten ~~mit buntem Gefieder~~ schwimmen ~~im Wasser. Der genaue Beobachter sieht, wie~~ ein Frosch ~~ins Wasser~~ hüpft. Ein ~~kleiner~~ Vogel fliegt ~~auf den Zaunpfahl~~. Die ~~schwarze~~ Katze ~~von Tina~~ schleicht ~~durch das Gebüsch~~. Ein Igel trippelt ~~über den Sandweg. Und~~ das Eichhörnchen ~~hoch oben im Baum~~ springt ~~von Ast zu Ast~~.

1) Kürze die Sätze so, dass sie nur aussagen, wie die Tiere sich bewegen. Streiche dazu alle überflüssigen Wörter weg.

Das konnte ich ☺ 😐 ☹

Du erreichst ___ von 16 Punkten.

2) Schreibe die gekürzten Sätze auf.

Das Pferd galoppiert.

Ein Storch stolziert.

Zwei Enten schwimmen.

Ein Frosch hüpft.

Ein Vogel fliegt.

Die Katze schleicht.

Ein Igel trippelt.

Das Eichhörnchen springt.

Das konnte ich ☺ 😐 ☹

Du schreibst ___ von 24 Wörtern richtig.

Schule

Lies zuerst genau.

In der Schule - (Schule früher) - Früher und heute

(5) Schließlich saßen alle Kinder still und leise mit gefalteten Händen auf ihrer Bank.

(3) Im Klassenraum musste jeder gerade und leise an seinem Platz stehen bleiben.

(1) Zuerst stellten sich alle Kinder einer Klasse in ordentlichen Reihen auf dem Schulhof auf.

(4) Bevor die Kinder sich setzen durften, kontrollierte der Lehrer die Fingernägel.

(2) Dann wurden sie von ihrem Lehrer auf dem Hof abgeholt und in die Klasse geführt.

1) Nummeriere die Sätze, sodass die Reihenfolge stimmt.

2) Kreise die Überschrift ein, die am besten zum Text passt.

3) Schreibe den Text mit Überschrift geordnet in dein Heft.

Schule früher
Zuerst stellten sich alle Kinder einer Klasse in ordentlichen Reihen auf dem Schulhof auf.
Dann wurden sie von ihrem Lehrer auf dem Hof abgeholt und in die Klasse geführt.
Im Klassenraum musste jeder gerade und leise an seinem Platz stehen bleiben.
Bevor die Kinder sich setzen durften, kontrollierte der Lehrer die Fingernägel.
Schließlich saßen alle Kinder still und leise mit gefalteten Händen auf ihrer Bank.

4) Prüfe am Text und entscheide.

	☺	☹	?
Wenn es klingelte, gingen die Kinder in ihren Klassenraum.		x	
Jede Klasse wurde von ihrem Lehrer auf dem Hof abgeholt.	x		
Heutzutage kontrolliert der Lehrer auch die Fingernägel.		x	
Die Kinder falteten die Hände im Unterricht.	x		
Wer nicht leise war, wurde hart bestraft.			x
In einer Klasse saßen oft über vierzig Kinder.			x

Fragen an Uroma

Clara möchte wissen, wie es war, als Uroma zu Schule ging.

Wie sahen die Schulmöbel aus? Wie viele Kinder gingen in eine Klasse? Hast du neben einem Jungen oder einem Mädchen gesessen? Waren die Lehrer streng? Durftest du einen Tintenkiller benutzen? Wo hielt der Schulbus? Hast du auch mal gefehlt?

Wir saßen in engen und harten Holzbänken. (1)

Manchmal musste ich meiner Mutter bei der Ernte helfen, dann ging ich nicht zur Schule. (7)

Mein Schulweg war zum Glück nicht so weit, denn wir mussten alle laufen, einen Schulbus gab es damals noch nicht. (6)

Jungen und Mädchen durften nicht nebeneinander sitzen. (3)

Wir schrieben mit Feder und Tinte aus dem Tintenfass. Tintenkiller waren noch nicht erfunden. (5)

Ältere und jüngere Kinder wurden zusammen unterrichtet, sodass wir fast fünfzig Kinder waren. (2)

Ich hatte eine nette Lehrerin. Doch es gab auch Lehrer, die Schläge mit dem Stock verteilten. (4)

1) Nummeriere die Sprechblasen, sodass die Fragen von Clara der Reihe nach beantwortet werden.

2) Schreibe Uromas Antworten geordnet in dein Heft.
Beginne so: Uroma erzählt: „…"

Lösung:
Uroma erzählt: „Wir saßen in engen und harten Holzbänken. Ältere und jüngere Kinder wurden zusammen unterrichtet, sodass wir fast fünfzig Kinder waren. Jungen und Mädchen durften nicht nebeneinander sitzen. Ich hatte eine nette Lehrerin. Doch es gab auch Lehrer, die Schläge mit dem Stock verteilten. Wir schrieben mit Feder und Tinte aus dem Tintenfass. Tintenkiller waren noch nicht erfunden. Mein Schulweg war zum Glück nicht so weit, denn wir mussten alle laufen, einen Schulbus gab es damals noch nicht. Manchmal musste ich meiner Mutter bei der Ernte helfen, dann ging ich nicht zur Schule."

Gereimte Jahreszeiten

Der Frühling ist die frühste Jahreszeit,
da leuchten Krokusse und Schneeglöckchen weit und breit.
Dann kommt der Sommer und ein jeder hofft,
die sommerliche Sonne scheint warm und oft.
Im Herbst reifen Äpfel, werden knackig und rund
und die Blätter der Bäume leuchten herbstlich bunt.
Wenn im Winter der Schnee vom Himmel fällt,
erhellen glänzende Kristalle die dunkle Welt.

die sommerliche Sonne scheint warm und oft.

kommt der Sommer und ein jeder hofft,

und die Blätter der Bäume leuchten herbstlich bunt.

da leuchten Krokusse und Schneeglöckchen weit und breit.

erhellen glänzende Kristalle die dunkle Welt.

1) Vervollständige das Gedicht.

2) Schreibe die Reimpaare auf.

Jahreszeit - breit

hofft - oft

rund - bunt

fällt - Welt

3) Kreuze alle Sätze an, die Aussagen des Gedichtes wiedergeben.

- (x) Schneeglöckchen blühen im Frühjahr.
- (x) Alle wünschen sich einen schönen, warmen Sommer.
- ( ) Im Herbst werden auch Pflaumen und Birnen reif.
- (x) Der Winter ist eine dunkle Jahreszeit.

Ein Tier als Geschenk

Lies die Sätze aufmerksam.

Anton hat Geburtstag - (Falsches Futter) - Beim Tierarzt

5 Leider bekam auch Struppi ganz viel Kuchen zu fressen.
2 Das schönste Geschenk war der kleine Hund Struppi.
6 Abends ging es dem Hund schlecht und er musste zum Tierarzt.
3 Am Nachmittag kamen drei Kinder zur Geburtstagsfeier.
1 Letzte Woche feierte Anton seinen achten Geburtstag.
8 Zum Glück erholte sich Struppi bald wieder.
9 Von nun an bekam er nur noch Hundekuchen als Leckerli.
4 Sie aßen Torte und Kekse.
7 Der Tierarzt schimpfte mit Anton, weil Hunde keine Torte essen dürfen.

1) Schreibe Zahlen vor die Sätze, sodass eine kleine Geschichte entsteht.

2) Welche Überschrift passt am besten? Kreise sie ein. Begründe.

Hinweis für die Lehrkraft: Begründung muss sich auf die eingekreiste Überschrift beziehen und den Bezug zur Geschichte beinhalten, z.B. Der Hund ist krank geworden, weil er Kuchen (falsches Futter) bekommen hat.

3) Vervollständige die Sätze.

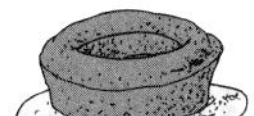

Der Hund heißt Struppi.
Das Geburtstagskind heißt Anton und wird 8 Jahre alt.
Am Nachmittag feiern insgesamt 4 Kinder zusammen.
Es geht dem Hund schlecht, weil er ganz viel Kuchen gefressen hat.

4) Notiere, was der Tierarzt zu Anton sagen könnte.
Lösungsbeispiel:
„Kuchen enthält Zucker, das ist nicht gut für einen Hund, deshalb ging es deinem Struppi auch so schlecht. Achte darauf, dass er nur Hundefutter bekommt und informiere dich, was und wie viel für deinen Hund am besten ist!"

5) Schreibe die geordneten Sätze in dein Heft.
Letzte Woche feierte Anton seinen achten Geburtstag. Das schönste Geschenk war der kleine Hund Struppi. Am Nachmittag kamen drei Kinder zur Geburtstagsfeier. Sie aßen Torte und Kekse. Leider bekam auch Struppi ganz viel Kuchen zu fressen. Abends ging es dem Hund schlecht und er musste zum Tierarzt. Der Tierarzt schimpfte mit Anton, weil Hunde keine Torte essen dürfen. Zum Glück erholte sich Struppi bald wieder. Von nun an bekam er nur noch Hundekuchen als Leckerli.

Fernsehen – Zeitung – Handy

3-Tage-Training

Lies die Sätze, nummeriere sie und schreibe sie in der richtigen Reihenfolge ins Heft.

Text geordnet:
Heute darf Jesse kein Fernsehen gucken, denn er hat schon eine Stunde am Computer gespielt. Nun ist er böse auf seine Mutter. Doch diese meint: „Zu viel Fernsehen oder Computerspielen schadet dir!" Jesse antwortet nicht. Er geht in sein Zimmer und liest.

Eine Stunde ist genug

4 Doch diese meint:
2 denn er hat schon eine Stunde am Computer gespielt.
3 Nun ist er böse auf seine Mutter.
1 Heute darf Jesse kein Fernsehen gucken,
6 Jesse antwortet nicht. Er geht in sein Zimmer und liest.
5 „Zu viel Fernsehen oder Computerspielen schadet dir!"

Zeitung zum Frühstück

Text geordnet:
Zuerst nimmt Papa morgens die Zeitung aus dem Briefkasten. Dann setzt er sich an den Küchentisch und liest in aller Ruhe die erste Seite. Anschließend guckt er auf die Wettervorhersage und schlägt die Sportnachrichten auf. Zuletzt trinkt er seinen Kaffee und beißt vom Marmeladenbrot ab.

3 in aller Ruhe die erste Seite.
1 Zuerst nimmt Papa morgens die Zeitung aus dem Briefkasten.
7 beißt vom Marmeladenbrot ab.
2 Dann setzt er sich an den Küchentisch und liest
6 Zuletzt trinkt er seinen Kaffee und
4 Anschließend guckt er auf die Wettervorhersage
5 und schlägt die Sportnachrichten auf.

Ohne Handy

Text geordnet:
Kannst du dir eine Welt ohne Handy vorstellen? Wahrscheinlich nicht! Doch als Oma ein Kind war, gab es noch keine Handys und keine mobilen Telefone, sondern jedes Telefon hatte seinen festen Platz. Du musstest beim Telefonieren dort stehen bleiben, wo der Telefonanschluss war. Telefonieren war teuer, deshalb galt der Satz: „Fasse dich kurz!"

2 Wahrscheinlich nicht!
1 Kannst du dir eine Welt ohne Handy vorstellen?
3 Doch als Oma ein Kind war,
5 sondern jedes Telefon hatte seinen festen Platz.
7 wo der Telefonanschluss war.
8 Telefonieren war teuer, deshalb
4 gab es noch keine Handys und keine mobilen Telefone,
6 Du musstest beim Telefonieren dort stehen bleiben,
9 galt der Satz: „Fasse dich kurz!"

Tipp: Der Text beginnt mit einer Frage.

Pflanzen vermehren

Lernkontrolle

Grünlilien haben lange, schmale Blätter, die meist grün-weiß aussehen. An Omas Grünlilien wachsen viele Ableger an langen, dünnen Trieben. So vermehren Olli und Opa die Grünlilien:

1) Nummeriere die Sätze so, dass die Reihenfolge stimmt. ___ / 10

(8) den Ableger vorsichtig im Topf fest.
(1) Zuerst schneidet Olli einen Ableger mit einer Schere ab.
(9) Zuletzt gießt Olli die junge Pflanze
(3) Wenn sich kleine, weiße Wurzeln gebildet haben,
(10) und stellt sie ins Küchenfenster.
(4) kann man den Ableger in die Erde setzen.
(5) Olli füllt einen kleinen Blumentopf zur Hälfte mit Erde.
(7) füllt mehr Erde in den Topf und drückt
(2) Dann stellt er ihn für einige Tage in ein Glas mit Wasser.
(6) Nun setzt Opa den Ableger in die Mitte,

2) Prüfe am Text, lies genau und streiche falsche Wörter weg. ___ / 10

Die Blätter von Grünlilien sind lang ~~kurz~~ und schmal ~~breit~~.
Sie sehen ~~immer~~ meist ~~grün-gelb~~ grün-weiß aus.
Omas Grünlilien haben viele ~~Ablagen~~ Ableger.
Ableger wachsen an langen Trieben ~~Treiben~~.
~~Opa~~ Olli benutzt eine Schere.
Es dauert einige ~~Stunden~~ Tage, bis sich Wurzeln bilden.
~~Oma~~ Olli füllt Erde in den Blumentopf.
Opa ~~Oma~~ drückt die junge Pflanze im Topf fest.
Olli gießt ~~duscht~~ die Pflanze mit Wasser.
Der neu bepflanzte Topf ~~hängt~~ steht vor dem Küchenfenster.

Das konnte ich ☺ 😐 ☹

Du erreichst ___ von 20 Punkten.

Conni geht auf Klassenfahrt

„Es bleibt dabei?", fragt Nina vor der ersten Stunde. „Wir gehen zusammen in ein Zimmer." „Aber klar doch", lacht Conni. „Du, Serafina, Anna und ich. Das haben wir doch schon längst abgemacht!" „Also Hand drauf", meint Serafina …
„Ist das nicht wahnsinnig? Wir wohnen in einer echten Burg!" Conni kann es gar nicht erwarten, bis sie Montag endlich auf Klassenfahrt gehen …

„Ich bin Graf von Greifstein", begrüßt sie der Herbergsvater.
„Ein echter Graf?", staunt Conni.
„Das hast du doch gehört!", will Nina sagen, aber stattdessen presst sie wieder nur fest die Lippen zusammen.
„Ja, ich bin ein echter Graf", lächelt Herr von Greifstein. „Und meine Vorfahren haben immer schon hier auf der Gundelburg gewohnt. Ursprünglich hieß die Burg wie wir: nämlich Burg Greifstein. Aber seit vielen hundert Jahren nennt man sie nur noch die Gundelburg. Warum das so ist?"
Graf von Greifstein schaut geheimnisvoll in die Runde …

Julia Boehme

Bewerte die Aussagen mit passt ☺, passt nicht ☹, unbekannt (?). Lies dazu im Text genau nach.

	☺	☹	(?)
Conni, Anna, Serafina und Nina gehen in eine Klasse.			x
Die vier Mädchen habe keine feste Abmachung.		x	
Mit „Hand drauf" meint Serafina „fest versprochen".	x		
Das Ziel der Klassenreise liegt auf einem hohen Berg.			x
Am Mittwoch beginnt die Klassenfahrt.		x	
Der Herbergsvater heißt Graf von Gundelburg.		x	
Herr von Greifstein lebt in der Burg seiner Vorfahren.	x		
Früher hieß die Burg anders als heute.	x		
Burg Greifstein hieß früher einmal Gundelburg.		x	
Die Burg hat den heutigen Namen seit sehr langer Zeit.	x		
Graf von Greifstein sieht die Kinder geheimnisvoll an.	x		

Samstag, der 5. Mai

„Die Polizei!", sagte das kleine Wesen. „Ihr glaubt doch nicht, dass die Polizei weiß, wie ich heiß."
„Aber ich weiß es vielleicht", platzte Herr Taschenbier heraus. Mit einem Mal war ihm ein Gedanke gekommen. Wie war das doch gewesen: am Sonntag Sonne, am Montag Herr Mon, am Dienstag Dienst, am Mittwoch Wochenmitte, am Donnerstag Donner, am Freitag frei und heute war Samstag.
Am Samstag Sams! Das war's!
„Du bist bestimmt ein Sams!", sagte er entschieden …
„Wie hast du das herausgefunden? Woher weißt du, dass ich ein Sams bin?" fragte es kleinlaut.
„Man muss nur logisch denken können – wie ein Privatdetektiv", sagte Herr Taschenbier und sah sich stolz um.

Paul Maar

Bewerte die Aussagen mit passt ☺, passt nicht ☹, unbekannt (?). Lies dazu im Text genau nach.

	☺	☹	(?)
Die Polizei soll ein kleines Wesen retten.		x	
Herr Taschenbier platzte.		x	
Herr Taschenbier hatte plötzlich einen Einfall.	x		
Er spricht über alle sieben Wochentage.	x		
Das „Ereignis" am Mittwoch ist etwas Besonderes.		x	
Herr Taschenbier glaubt: Am Samstag kommt das Sams.	x		
Bisher wurde nicht verraten, was ein Sams ist.	x		
Ein Sams kann schnell laufen und gut hören.			x
Das Sams wundert sich, als jemand seinen Namen sagt.	x		
Herr Taschenbier ist Privatdetektiv.		x	
Herr Taschenbier behauptet, logisch denken zu können.	x		

So sieht das Sams aus.
Male es an.

Kurze rote Haare, blauer Anzug mit gelben Streifen, rosa Hautfarbe mit blauen Punkten im Gesicht und eine Nase wie ein Schweinerüssel.

Zottelkralle

Zottelkralles Höhle lag gut versteckt unter einem alten Gartenschuppen. Direkt neben der von Stinkefell und Trüffelzahn. Für den Haupteingang hatte Zottelkralle drei Holzbretter im Schuppenboden gelockert. Und neben der Schuppentür, sorgfältig verborgen zwischen einem hohen Brennnesselwald, lag der Notausgang. Denn Zottelkralle war ein Erdmonster und Erdmonster sind vorsichtige Wesen.
In Zottelkralles Höhle roch es nach Regenwürmern und Tausendfüßlern – wie bei allen Erdmonstern. Aber der Höhlenboden war mit weichen Menschenpullovern gepolstert …
Zottelkralles Nachbarn Stinkefell und Trüffelzahn kamen ihn nur sehr ungern besuchen …
„Mit dir wird es noch ein schlimmes Ende nehmen!", sagte Trüffelzahn.
„Du stinkst schon wie ein Mensch. Pfui Mäusedreck!"

Cornelia Funke

Bewerte die Aussagen mit passt ☺, passt nicht ☹, unbekannt (?). Lies dazu im Text genau nach.

	☺	☹	(?)
Erdmonster leben in Höhlen.	x		
Die Höhlen sind groß und haben mehrere Zimmer.			x
Zottelkralle, Stinkefell und Trüffelzahn leben im gleichen Garten.	x		
Zottelkralles Höhle hat drei Eingänge.		x	
Erdmonster sind vorsichtige Wesen.	x		
Stinkefell kam gerne zu seinem Nachbar Zottelkralle.		x	
Trüffelzahn mag den Geruch von Menschen gar nicht.	x		
In Erdhöhlen riecht es nur nach Regenwürmern.		x	
Zottelkralle hat einen gepolsterten Höhlenboden.	x		
Zottelkralle hat Menschenpullover geklaut.			x
Es kann nicht gut gehen, wenn Erdmonster wie Menschen riechen.	x		

Hungriger Kasperl

Nachdem Kasperl drei Eimer Kartoffeln geschält hatte, machte er eine Pause. Er legte das Messer weg, wischte sich die nassen Hände an den Hosen ab und ging nachsehen, was es in Zauberer Zwackelmanns Speisekammer zu essen gab. Denn es musste bald Mittag sein und er hatte Hunger. Gleich vorn in der Speisekammer fand er ein Fässchen mit Salzgurken.
„Sauer macht lustig!", dachte er, „also ist das die richtige Medizin für mich!" Er verzehrte drei Salzgurken. Danach fühlte er sich bedeutend leichter und kostete nacheinander von den verschiedenen Marmeladen, die Topf an Topf im Regal standen. Dann trank er ein Gläschen Buttermilch und schließlich schnitt er sich eine Scheibe Salami ab. Denn auch Würste und Schinken gab es in Zwackelmanns Speisekammer, vielerlei Würste in jeder Länge und Dicke. Sie baumelten von der Decke herab, er brauchte bloß zuzugreifen. „Wie im Schlaraffenland!", dachte Kasperl.

Otfried Preußler

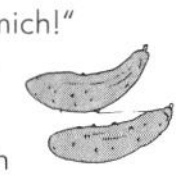

Bewerte die Aussagen mit passt ☺, passt nicht ☹, unbekannt (?). Lies dazu im Text genau nach.

	☺	☹	?
Kasperl hat in der Schule gerade Pause.		x	
Kasperl sitzt in einer Speisekammer und schält Kartoffeln.	x		
Kasperl ist im Schlaraffenland.		x	
Er sitzt in der Speisekammer von Zauberer Zwackelmann.	x		
Kasperl muss noch mehr Kartoffeln schälen.			x
Kasperl isst drei Kartoffeln, weil er Hunger hat.		x	
In den Töpfen im Regal ist Erdbeer- und Kirschmarmelade.			x
Die Salzgurken werden in Fässern gelagert.	x		
Kasperl trinkt Buttermilch und schneidet Schinken ab.		x	
In der Speisekammer gibt es Würste und Schinken.	x		
Kasperl probiert die Salami.	x		
Kasperl weiß nicht, was dort von der Decke herabbaumelt.		x	
Es wird nicht erzählt, wie Kasperl hierhergekommen ist.	x		

Ronja Räubertochter

4-Tage-Training

Arbeitsseite

Kreuze die richtigen Aussagen an und schreibe sie ins Heft.

	☺	☹
Mattis und Lovis waren ein Räuberpaar.	x	
Sie lebten auf einer Burg und wurden Eltern.	x	
Unholde lebten in Schlupfwinkeln der Burg.		x
Ronja kam in einer Gewitternacht auf der Mattisburg zur Welt.	x	
Die Burg stand im Mattistal.		x
Mattis freute sich sehr über die Geburt seiner Räubertochter.	x	
Seine Freudenrufe waren „juchhe" und „juchhei".	x	

	☺	☹
Glatzen-Per darf Ronja nicht in die Armen nehmen.		x
Glatzen-Per möchte Ronja gerne in die Arme nehmen.	x	
Mattis legt ihm ein goldenes Ei in die Arme.		x
Glatzen-Per soll den neuen Räuberhauptmann gut festhalten.	x	
Sollte er Ronja fallen lassen, droht ihm eine schreckliche Strafe.	x	
Ronja lächelt und Glatzen-Per sieht ihre Zähne.		x

	☺	☹
Die Borkas sind eine andere Räuberfamilie.	x	
Noch nie waren Borka-Räuber und Mattis-Räuber verfeindet.		x
Schon seit langer Zeit sind Borka- und Mattis-Räuber Feinde.	x	
Die Borkas sind die Erzfeinde von Ronjas Vater.	x	
Die Borkas schützen die Leute vor Überfällen der Mattis-Räuber.		x
Beide Räuberbanden überfielen ehrbare Leute.	x	

	☺	☹
Glatzen-Per bezeichnet die Borkas als Hosenschisser.	x	
Die Räuber saßen am Tisch und aßen leise ihre Suppe.		x
Bärtig, schmutzig, wild und streitsüchtig sind die Mattis-Räuber.	x	
Sie gehen mit Ronja immer durch Feuer und Wasser.		x
Ronja ist überzeugt, dass die Mattisräuber viel besser sind.	x	
Alle 10 Räuber würden Ronja stets und überall beschützen.		x
Alle 12 Räuber würden Ronja stets und überall beschützen.	x	

Wo geht's nach Panama?

Lernkontrolle

He, kleiner Bär und kleiner Tiger!
Seht ihr nicht die Flaschenpost auf dem Fluss? Auf dem Zettel könnte eine geheime Botschaft über einen Seeräuberschatz stehen …
Zu spät. Ist schon vorbeigeschwommen.
„Hallo Maus", sagte der kleine Bär, „wir gehen nach Panama. Panama ist das Land unserer Träume. Dort ist alles ganz anders und viel größer …" „Größer als unser Mauseloch?", fragte die Maus, „das kann nicht sein." Ach, was wissen Mäuse denn von Panama? Nichts, nichts und wieder nichts.
Sie kamen beim alten Fuchs vorbei, der gerade mit einer Gans seinen Geburtstag feiern wollte. „Wo geht's denn hier nach Panama?", fragte der kleine Bär. „Nach links", sagte der Fuchs, ohne lange zu überlegen, denn er wollte nicht gestört werden. Nach links war aber falsch.

Janosch

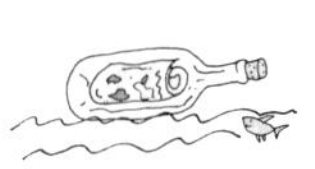

Bewerte die Aussagen mit richtig ☺ oder falsch ☹. Lies dazu im Text genau nach.

___ / 13

	☺	☹
In dem Text werden sechs Tiere genannt.		x
In dem Text werden fünf Tiere genannt.	x	
Tiger und Bär finden eine Flaschenpost mit Schatzkarte.		x
Panama ist das Land, von dem Tiger und Bär träumen.	x	
Sie wollen die Maus mitnehmen nach Panama.		x
Die Maus kann Tiger und Bär viel von Panama erzählen.		x
Sie trafen auf ihrem Weg einen Fuchs und eine Gans.	x	
Die Gans hatte Geburtstag und der Fuchs war eingeladen.		x
Der Fuchs wollte seinen Geburtstag mit der Gans feiern.	x	
Der Fuchs kennt den Weg nach Panama.		x
Wenn Tiger und Bär nach links gehen, gehen sie falsch.	x	
Von den Tieren wird wie von Menschen erzählt.	x	
Tiere haben keinen Geburtstag.		x

Das konnte ich ☺ 😐 ☹

Du erreichst ___ von 13 Punkten.

Taschengeld für Jule, Ole und Arne

Jule ist sieben Jahre alt und beschwert sich bei ihrem elfjährigen Bruder Arne: „Alle Kinder meiner Klasse bekommen Taschengeld, Ole bekommt Taschengeld. Du bekommst Taschengeld. Nur ich nicht!"

Ole sagt zu Mama: „Wenn Jule ab jetzt Taschengeld bekommt, dann will ich aber mehr Taschengeld bekommen als sie. Ich bin ja auch zwei Jahre älter!"

Mama und Papa überlegen. Sie gucken sich eine Taschengeld-Tabelle an, die sie in der Zeitung gefunden haben.

Alter	Taschengeld pro Woche
5 Jahre	0,50 – 1,00 Euro / Woche
6 bis 7 Jahre	1,00 – 2,00 Euro / Woche
8 bis 9 Jahre	2,00 – 3,00 Euro / Woche
10 bis 11 Jahre	3,00 – 5,00 Euro / Woche
12 bis 13 Jahre	5,00 – 7,00 Euro / Woche

Jule ist __7__ Jahre alt.
Sie sollte höchstens __2__ Euro Taschengeld in der Woche erhalten.

Ole ist __9__ Jahre alt.
Er sollte mindestens __2__ Euro Taschengeld in der Woche erhalten.

Arne ist __11__ Jahre alt.
Für dieses Alter werden __3__ Euro bis __5__ Euro Taschengeld empfohlen.

Nun fangen Mama und Papa an zu rechnen.
Wie viel Taschengeld zahlen sie an Jule, Ole und Arne, wenn alle drei den Höchstsatz erhalten sollen?
Fülle die Tabelle aus.

Name	€/Woche	€/Monat	€/Jahr
Jule	2 €	8 €	96 €
Ole	3 €	12 €	144 €
Arne	5 €	20 €	240 €
Taschengeldkosten der Eltern	10 €	40 €	480 €

Taschengeld-Umfrage

Wie viel Taschengeld erhältst du in der Woche?
Die Klasse 3a macht eine Umfrage in den dritten Klassen. Sie will ermitteln, wie viel Taschengeld die Kinder in einer Woche erhalten.
Für die Auswertung in der 3a fertigen Hannes und Sofia eine Strichliste an.
Die Ergebnisse der 3b stehen in einer Tabelle.

Klasse: 3a
Anzahl der Kinder: 24
Kein Taschengeld: ||
1 € |||
2 € ~~||||~~ ~~||||~~
3 € ~~||||~~
4 € ||
5 € ||

Klasse: 3b
Anzahl der Kinder: 21
Kein Taschengeld: |
1 € ||
2 € ~~||||~~ ||||
3 € ~~||||~~
4 € ||||
5 €

Fertige für die 3b eine Strichliste an und vervollständige die untere Tabelle!

Taschengeld pro Woche	0 €	1 €	2 €	3 €	4 €	5 €
Kinder – 3a	2	3	10	5	2	2
Kinder – 3b	1	2	9	5	4	0
Kinder – 3a und 3b	3	5	19	10	6	2

Sofia und Hannes sprechen über die Ergebnisse.

Sofia: In der 3a und der 3b bekommen die meisten Kinder 2 €.

Hannes: Ja, und je 5 Kinder erhalten pro Woche 3 € Taschengeld.

Sofia: In der Klasse 3a erhalten 2 Kinder kein Taschengeld.

Hannes: In der anderen Klasse erhält 1 Kind kein Taschengeld.

Sofia: Das ist schon ungerecht, denn insgesamt bekommen sogar 2 Kinder 5 € und 6 Kinder 4 € in der Woche.

Hannes: 1 € ist echt wenig, damit müssen in der Klasse 3b 2 Kinder auskommen.

Spaziergang im Park

1) Lies das Gespräch genau und trage die Informationen in die Tabelle ein.

Name	E Eiche	B Birke	B Buche	K Kastanie	F Feld-Ahorn
Größe	20 m	4 m	7 m	10 m	15 m
Alter	90 Jahre	3 Jahre	14 Jahre	12 Jahre	35 Jahre
Höchst-alter	500 – 800 Jahre	200 Jahre	200 – 300 Jahre	100 Jahre	150 Jahre
Vermeh-rung durch	Eichel	Samen in Kätzchen	Bucheckern	Samen-propeller	Kastanie

2) Benenne die Samen / Früchte und Blätter, verbinde.

Kastanien-Blatt	Eichen-Blatt	Birken-Blatt	Ahorn-Blatt	Buchen-Blatt

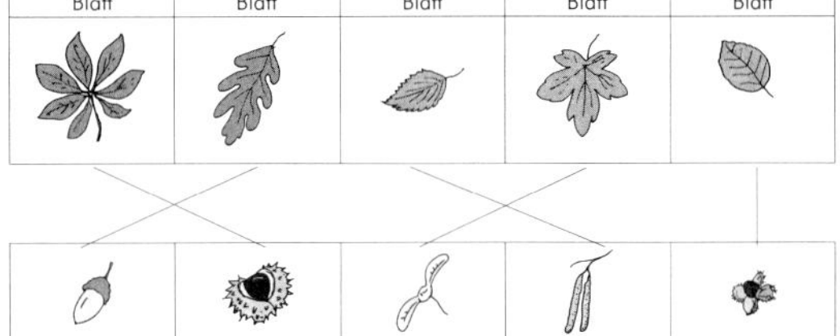

Eichel	Kastanie	Ahornpropeller	Birkenkätzchen	Bucheckern

Wochenplaner

3-Tage-Training

So sieht der Wochenplaner der Familie Krause aus.

**Trage die Termine in den Planer ein,
achte darauf, dass einige Termine für mehrere Personen gelten.**

Wochentage	Mama	Papa	Andy	Sandra
Montag	9.30 Uhr Schulfrühstück			16.00 Uhr Musikschule
Dienstag	19.30 Uhr Elternabend 3b	19.30 Uhr Elternabend 3b	18.00 Uhr Handball-training	
Mittwoch	9.30 Uhr Schulfrühstück	Dienstreise		17.00 Uhr Tischtennis
Donnerstag	20.00 Uhr Kino mit Sabine	Dienstreise	18.00 Uhr Handball-training	
Freitag	16.30 Uhr Dr. Schulz	Dienstreise	16.30 Uhr Dr. Schulz	
Samstag		5.00 Uhr Angeln mit Herbert	14.30 Uhr Geburtstag Tine	14.00 Uhr Tischtennis-Wettkampf
Sonntag	10.00 Uhr Tierpark	10.00 Uhr Tierpark	10.00 Uhr Tierpark	10.00 Uhr Tierpark

Fortsetzung von Seite 59
Papa angelt am Samstag mit seinem ~~Feind~~ Freund Herbert.
Mama geht mit ihrer Freundin Sabine ins ~~Schulfrühstück~~ Kino.
Sandra trainiert für den ~~Musikunterricht~~ Tischtennis-Wettkampf.
Andy spielt zweimal in der Woche ~~Geburtstag~~ Handball.
~~Samstag~~ Sonntag haben alle das Gleiche ~~verschiedene~~ vor.

Besuch im Tierheim

Lernkontrolle

Lies die Informationen genau und fülle die Tabelle aus. ___ / 12

Die Klasse 3e informiert sich im Tierheim. Hier leben Hunde, Katzen und auch viele Kleintiere wie Meerschweinchen und Hamster.

Zu Beginn des Jahres 2010 lebten 8 Hunde und 67 Katzen im Tierheim. Im Verlauf des Jahres wurden 81 Hunde und 86 Katzen von ihren Besitzern ins Tierheim gebracht, weil diese nicht mehr für sie sorgen konnten oder wollten. 67 herrenlose Hunde wurden aufgegriffen und 193 herumstreunende Katzen. Diese Zahlen stehen in der Spalte „Fundtiere". Im Verlauf des Jahres wurden 11 Hunde und 14 Katzen im Tierheim geboren. Gegen Bezahlung wird das Tierheim auch ein Tierhotel und nimmt Tiere in Pension. Der Besitzer zahlt für Unterbringung und Versorgung und Hund oder Katze wohnen hier auf Zeit.

Tierart	Bestand 1.1.2010	ins Heim gebracht	im Heim geboren	Fund-tiere	Gesamt	Pensions-tiere
Hunde	8	81	11	67	167	223
Katzen	67	86	14	193	360	102

Informiere dich in der Tabelle und streiche falsche Wörter: ___ / 7

Es wurden mehr ~~weniger~~ Katzen als Hunde im Tierheim geboren.

Es wurden ~~mehr~~ weniger Hunde als Katzen gefunden.

Es nutzten ~~mehr~~ weniger Katzenbesitzer als Hundebesitzer das Tierheim als Tierhotel.

Insgesamt lebten ~~mehr~~ weniger Hunde als Katzen im Tierheim.

In der Statistik fehlt ~~steht~~, wie viele Tiere neue Besitzer bekamen.

Das Tierheim versorgt auch ~~nicht~~ Kleintiere.

In der Statistik ~~steht~~ fehlt, welche Kleintiere im Tierheim lebten.

Das konnte ich ☺ 😐 ☹

Du erreichst ___ von 19 Punkten.

Lesen üben – leicht gemacht!

Karin Hohmann

Trainingsprogramm zur Steigerung der Lesefertigkeit - 2./3. Klasse

Motivierende Arbeitsblätter zum Lesenüben

Wenn der Leselehrgang abgeschlossen ist, ist es für viele Kinder noch ein weiter Weg zum genauen, schnellen und sinnerfassenden Lesen. Hier schlägt das „Trainingsprogramm zur Steigerung der Lesefertigkeit" eine Brücke. Zu jedem der 5 Kapitel des Buches gibt es zahlreiche Übungsblätter, ein 3- oder 4-Tage-Hausaufgaben-Training und einen abschließenden Test sowie Lösungen für die Selbstkontrolle. Die Trainingsaufgaben steigen im Schwierigkeitsgrad an und können vielseitig eingesetzt werden: in individualisierten Unterrichtsabschnitten, in Fördergruppen und zur häuslichen Übung.

Mit tollen Ideen für einen fächerübergreifenden Unterricht!

Buch, 70 Seiten, DIN A4
2. und 3. Klasse
Best.-Nr. 3300

...ke Manthey, Ellen Müller

...m Wörterlesen ...m Textverstehen

...ferenzierte Kopiervorlagen ... Entwicklung von ...ekompetenz

Wenn Kinder einzelne Wörter lesen können, heißt das oft noch nicht, dass sie den Sinn des Gelesenen auch verstehen. Mit diesen Arbeitsblättern führen Sie Ihre Schüler/-innen gezielt zur Sinnerfassung von Texten. Dabei gibt es jedes Arbeitsblatt in zwei Varianten: für Kinder mit größeren Leseschwierigkeiten und für fortgeschrittene Kinder. Vom Lesen und Zuordnen einzelner Wörter zu Bildern über das Verstehen größerer Sinneinheiten in Wortgruppen und Sätzen kommen die Kinder schrittweise zum Erschließen von Texten. Dabei führt das Verstehen des Inhalts oft zu einem Lacher - schließlich soll Lesen ja Spaß machen. Die Kopiervorlagen eignen sich ebenso für das selbstständige Lesetraining während der Wochenplanarbeit und im Stationenlernen wie auch für den Unterricht im Klassenverband.

Verbessern Sie das Leseverständnis – Schritt für Schritt!

Buch, 92 Seiten, DIN A4
1. und 2. Klasse
Best.-Nr. 3881

Inge Schmidtke

Lesestrategien: Erzähltexte

Methoden und Tests zur Texterschließung

Wie unterscheidet man Textsorten? Wie erschließt man sich unbekannte Wörter in Geschichten? Dieser Band gibt Ihnen eine Anleitung an die Hand, Ihren Schülerinnen und Schülern diese zentralen Fragen zu beantworten und die wichtigsten Lesestrategien für Erzähltexte zu vermitteln. Jede Lesestrategie gibt es in zwei Varianten: als selbstständige Arbeit und in Partner- oder Gruppenarbeit. Zu jeder Lesestrategie liegen mehrere motivierende Erzähltexte in unterschiedlichem Schwierigkeitsgrad vor, an denen die Schüler die Lesestrategien anwenden können. Über ein Leseheft als Portfolio sind die Strategien generalisierbar und übertragbar. Ausgewählte Tests zeigen Ihnen, wie weit die Lesestrategien entwickelt sind.

So machen Sie Ihre Schüler zu Lesestrategen!

Buch, 80 Seiten, DIN A4
3. und 4. Klasse
Best.-Nr. 3308

Inge Schmidtke, Hartmut Lange

Lesekompetenz entwickeln

Erzähl- und Sachtexte für die Grundschule

Systematisch und kontinuierlich verschiedene Lesestrategien lernen und anwenden! Mithilfe der pfiffigen Erzählungen, Märchen, Sagen, Fabeln und interessanten Sachtexte wecken Sie die Lesefreude bei Ihren Schülerinnen und Schülern! Abwechslungsreiche Areitsblätter helfen den Kindern wichtige Textinformationen zu entnehmen und Texte zu interpretieren. Indem die Schüler/-innen immer unterschiedliche Lesestrategien anwenden müssen, erwerben sie Schritt für Schritt wichtige Verfahren zur Texterschließung und Informationsentnahme. Ein unabdingliches Instrumentarium für das weitere Lesen und Lernen!

Und das Beste: Umfangreichere Texte gibt es auch in einer gekürzten Fassung!

Band 1 - Erzähltexte für die Grundschule
Buch, 90 Seiten, DIN A4
2. bis 4. Schuljahr
Best.-Nr. 3598

Band 2 - Sachtexte für die Grundschule
Buch, 72 Seiten, DIN A4
2. bis 4. Schuljahr
Best.-Nr. 3599

Unser Bestellservice:

Das komplette Verlagsprogramm finden Sie in unserem Online-Shop unter

www.persen.de

Bei Fragen hilft Ihnen unser Kundenservice gerne weiter.

Deutschland: ✆ 040/32 50 83-040 · Schweiz: ✆ 052/366 53 54 · Österreich: ✆ 0 72 30/2 00 11

Mein Traumzimmer

1) Lies genau.

Janina plant ihr Traumzimmer. Sie zeichnet alles genau in den Grundriss ein: Mitten an der langen Wand, die links von der Tür ist, soll das Hochbett (1) mit der Rutsche (2) stehen. Direkt vor das Fenster kommt der Schreibtisch (3) mit dem Stuhl (4). Rechts vom Schreibtisch passt eine große Palme (5) in die Ecke und links vom Arbeitsplatz sollen der Computer (6) und der Fernseher (7) stehen. An der langen Wand genau gegenüber vom Bett ist Platz für zwei Regale (8). Hier können dann Bücher, Bausteine und Spielsachen hinein. An die kurze Wand links von der Tür passt die Kletterwand (9). Und mitten im Zimmer liegt ein großer Spielteppich (10).

2) Male, wie Janina das Zimmer einrichten möchte, und trage auch die Nummern im Plan ein!

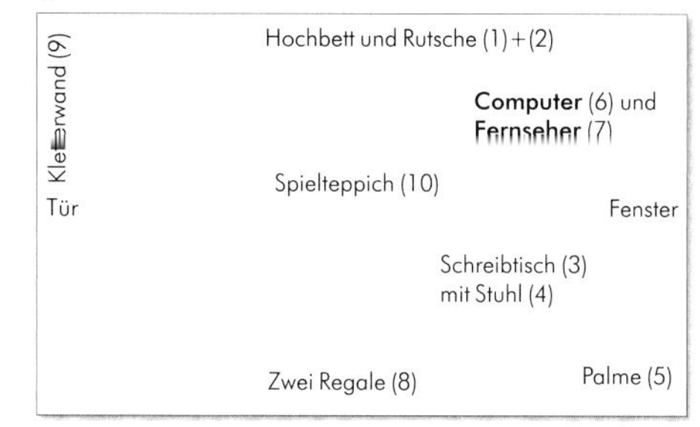

Mama und Papa sehen sich die Zeichnung an.

Papa: Super, das Zimmer gefällt mir, aber mit deinen neun Jahren brauchst du noch keinen Computer im Zimmer.

Mama: Eine Rutsche und eine Kletterwand habe ich noch nie im Kinderzimmer gesehen. Tolle Idee! Einen Fernseher habe ich schon oft im Kinderzimmer gesehen, doch in dein Zimmer kommt noch keiner. Wir gucken gemeinsam im Wohnzimmer.

3) Kreise in der Zeichnung mit rot ein, was Mama und Papa nicht erlauben wollen.

62 *Ziel: Informationen entnehmen, zeichnerisch darstellen und zum besseren Verständnis nummerieren, einfache Schlussfolgerungen ziehen*

Ein Rundgang im Tierpark

1) Lies zuerst ganz genau.

Mattis hat viele Tiere zum Spielen. Heute hat er einen kleinen Tierpark aufgebaut. Nun zeichnet er den Lageplan:

Er nummeriert die Gehege der Reihe nach von 1 bis 9, Nummer 10 ist der Spielplatz. Rechts vom Haupteingang beginnt der Rundgang bei den Füchsen. Dann kommt jeder Besucher zuerst zu Familie Dachs und dann zu den Wildschweinen. Im angrenzenden Wald- und Wiesenbereich leben Rehe und Hirsche. Vor den Eulen wohnen die Waschbären. Wer die Ziegen streicheln will, deren Gehege direkt an den Spielplatz grenzt, geht nun an einem großen Teich mit Störchen vorbei und dann an einer Weide mit Ponys.

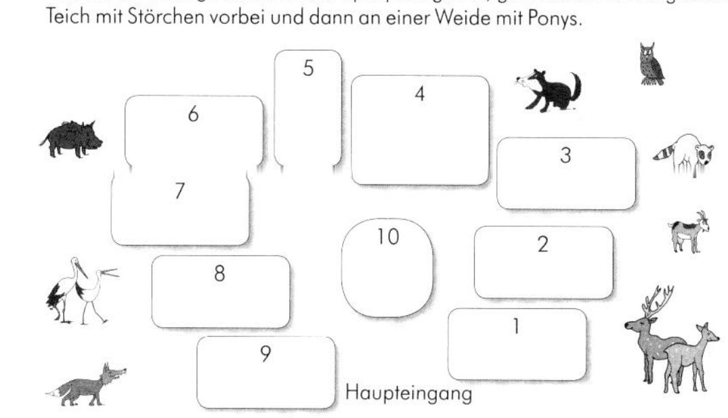

2) Schreibe zu den Nummern die Tiere.

1. Füchse
2. Dachse
3. Wildschweine
4. Rehe und Hirsche
5. Waschbären
6. Eulen
7. Störche
8. Ponys
9. Ziegen
10. Spielplatz

Ziel: verbale Informationen entnehmen, durch Nummerieren und Beschriften wiedergeben, einfache Schlussfolgerungen ziehen, Umweltwissen einbringen 63

Polonäse zur Geburtstagsfeier

Franca und Alex feiern ihren Geburtstag. Sie führen die Polonäse an. Dann kommen Judit und Benny. Marwin heult, er wollte nicht Letzter sein. Anne ist die sechste. Sie fasst Jonas mit der rechten und Tom mit der linken Hand an. Tom hält Svea fest. Doch dann kommt eine Lücke. Svea musste Hannes loslassen, weil Simon ihn so sehr zurückgezogen hat. Maria fasst Marwin an und zusammen mit Carina hält sie den kleinen Leon fest.

1	2	3	4	5	6	7	8	9	10	11	12	13	14
M	J	M	J	J	M	J	M	J	J	M	J	M	J

1) Nummeriere alle Kinder. In welcher Reihenfolge laufen sie? Schreibe die Namen geordnet auf.

1. Franca
2. Alex
3. Judit
4. Benny
5. Jonas
6. Anne
7. Tom
8. Svea
9. Hannes
10. Simon
11. Carina
12. Leon
13. Maria
14. Marwin

2) Schreibe oben zu jedem Kind J für Junge und M für Mädchen.

3) Male.

Svea hat einen grünen Luftballon in der linken Hand.
Leon hat einen gelben Hut auf und Franca hat in der rechten Hand ein rotes Fähnchen.

64 *Ziel: verbale Informationen entnehmen, durch Nummerieren und Beschriften wiedergeben, einfache Schlussfolgerungen ziehen, nach Anweisung malen*

Alles hat seinen Platz

3-Tage-Training

1) Was steht wo?
Beschrifte.

Salat	Gurken	Paprika	Zwiebeln	Tomaten
Möhren		Rotkohl		Bohnen

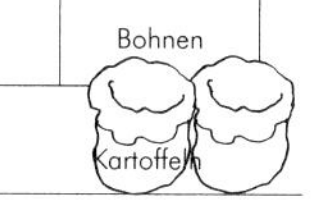

2) Was steht wo?
Beschrifte.

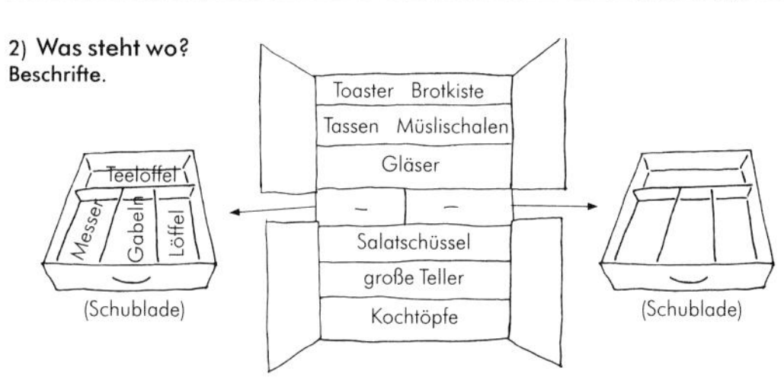

3) (Aufgabe siehe S. 65)

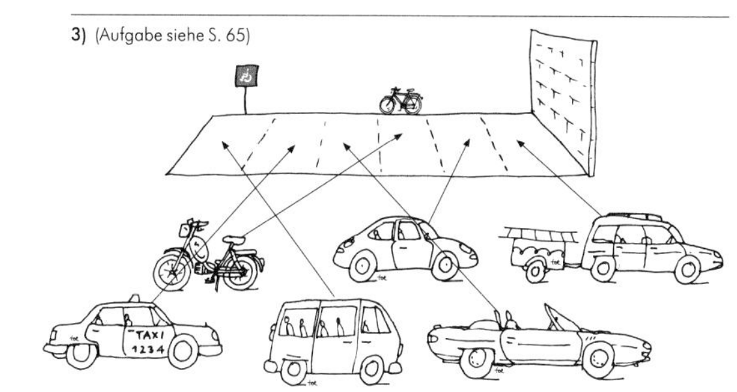

66 *Ziel: verbale Informationen entnehmen, in einer Zeichnung wiedergeben, einfache Schlussfolgerungen ziehen, nach Anweisung malen*

Wettlauf

Lernkontrolle

Beim Sportfest liefen die Kinder um die Wette.

Jens: Meine Bahn war rechts außen.

Lilli: Ich lief zwischen Anton und Jens.

Anton: Links neben mir war Paula die Schnellste.

Paula: Inga lief in der übernächsten Bahn und kam nach mir ins Ziel.

Lilli: Ich war wie immer Vierte, gleich nach Anton.

Marcel war enttäuscht. Er wurde bei diesem Lauf Letzter!

1) Notiere, in welcher Bahn die Kinder liefen. ___/6

Start		Ziel
	Inga	
	Marcel	
	Paula	
	Anton	
	Lilli	
	Jens	

2) Trage die Platzierung ein. ___/6

1. Platz Paula — 4. Platz Lilli

2. Platz Inga — 5. Platz Jens

3. Platz Anton — 6. Platz Marcel

Die Jungen heißen: Anton, Jens, Marcel

Die Mädchen heißen: Inga, Paula, Lilli ___/3

Das konnte ich ☺ 😐 ☹

Du erreichst ___ von 15 Punkten.

Richtig einrichten

Sarina und Sandro ziehen um. Der Umzugswagen ist soeben vorgefahren. Nun wird die neue Wohnung eingerichtet.

Papa stellt den Kühlschrank ins Kinderzimmer.
Mama rollt ihre Bücherkiste in den Kellerraum.
Opa schleppt den Karton mit Handtüchern ins Schlafzimmer.
Sandro bringt sein Fahrrad in die Wohnstube.
Die Möbelpacker tragen das Sofa in die Küche.
Sarina schiebt ihren Puppenwagen ins Arbeitszimmer.
Oma trägt Bettdecken und Kopfkissen in das Badezimmer.

1) Unterstreiche zuerst, welche Räume genannt werden.

2) Tausche die Räume, sodass alles an seinen Platz kommt. Schreibe im Heft.
Beispiel: Papa stellt den Kühlschrank in die …

Lösung: Papa stellt den Kühlschrank in die Küche. Mama rollt ihre Bücherkiste ins Arbeitszimmer. Opa schleppt den Karton mit Handtüchern in das Badezimmer. Sandro bringt sein Fahrrad in den Kellerraum. Die Möbelpacker tragen das Sofa in die Wohnstube. Sarina schiebt ihren Puppenwagen ins Kinderzimmer. Oma trägt Bettdecken und Kopfkissen ins Schlafzimmer.

3) Richtig einrichten! Kreise in jeder Reihe ein falsches Nomen ein.

Kinderzimmer: Bausteine, Kuscheltier, (Gewürzregal), Spielautos

Wohnzimmer: Sessel, Sofa, (Kochtopf), Blumentopf, Teppich

Arbeitszimmer: Bücherregal, (Geschirrschrank), Schreibtisch, Bücher

Schlafzimmer: Wäscheschrank, Kleiderständer, (Pfanne), Nachttisch

Badezimmer: Duschvorhang, Spiegel, (Besteck), Handtuchhalter

Keller: Fahrrad, Roller, Waschmaschine, (Geschirrspüler), Schlitten

4) Notiere die eingekreisten Nomen, dann weißt du, was in die Küche gebracht wird. Notiere.

Küche: Gewürzregal, Kochtopf, Geschirrschrank, Pfanne, Besteck, Geschirrspüler

Kunibert wird Ritter

1. Vor etwa tausend Jahren entwickelten sich das Rittertum und das Burgleben und bestanden fast 500 Jahre.	Nur reiche, adlige Familien konnten sich eine Ritterausbildung leisten, die nur Söhne machen durften.
2. Nur Jungen konnten Ritter werden, und sie mussten adlige und reiche Eltern haben.	Fünf Jahrhunderte lang bestimmte das Zeitalter der Ritter und Burgen, das um 1000 begann, das Leben.
3. Schon im Alter von sieben Jahren kam Kunibert als Page auf eine andere Burg.	Aus einem guten Pagen wurde nach ungefähr sieben Jahren ein Knappe.
4. Ein Page musste viel lernen, nicht nur kämpfen und reiten, sondern er musste auch lesen und rechnen können und gute Manieren haben.	Als Siebenjähriger verließ Kunibert die Heimat, um bei einem anderen Burgherrn Page zu werden.
5. Wer seine Arbeit gut machte, konnte im Alter von 14 Jahren Knappe werden.	Gutes Benehmen, das Reiten, das Kämpfen, auch Schreiben und Mathematik gehörten zur Ausbildung eines Pagen.
6. Ein Knappe half seinem Ritter, die Rüstung anzulegen und bediente bei den Mahlzeiten.	Ritter und Knappe zogen gemeinsam in den Krieg.
7. Der Knappe zog mit seinem Ritter in die Schlacht.	Mit 21 Jahren erhielt der Knappe den Ritterschlag in einer Feier, die Schwertleite hieß.
8. Nach vierjähriger Ausbildung als Knappe erfolgte die Schwertleite, eine feierliche Ernennung zum Ritter mit dem Ritterschlag.	Der Knappe bediente bei den Mahlzeiten und half seinem Ritter beim Anlegen der Rüstung.

1) Verbinde Sätze mit ähnlicher Bedeutung.

2) Schreibe die Sätze der zweiten Spalte geordnet in dein Heft.

Lösung: geordnete Sätze von Spalte 2: Fünf Jahrhunderte lang bestimmte das Zeitalter der Ritter und Burgen, das um 1000 begann, das Leben. Nur reiche, adlige Familien konnten sich eine Ritterausbildung leisten, die nur Söhne machen durften. Als Siebenjähriger verließ Kunibert die Heimat, um bei einem anderen Burgherrn Page zu werden. Gutes Benehmen, das Reiten, das Kämpfen, auch Schreiben und Mathematik gehörten zur Ausbildung eines Pagen. Aus einem guten Pagen wurde nach ungefähr sieben Jahren ein Knappe. Der Knappe bediente bei den Mahlzeiten und half seinem Ritter beim Anlegen der Rüstung. Ritter und Knappe zogen gemeinsam in den Krieg. Mit 21 Jahren erhielt der Knappe den Ritterschlag in einer Feier, die Schwertleite hieß.

Leben auf einer Burg

Burgen wurden zum Schutz und zur Verteidigung gebaut. Sie standen oft oben auf einem großen Berg. Denn so konnte man Angreifer schon von Weitem kommen sehen. Es gab auch Burgen, die auf einer Insel oder am Ufer eines Flusses gebaut wurden. Sie waren umgeben von breiten Wassergräben und hohen Burgmauern. Diese sollten es den Feinden erschweren, die Burg zu erobern. In einer kleinen Burg lebten dreißig, in einer großen über hundert Menschen. Der Burgherr und seine Frau hatten Mägde und Knechte. So hießen weibliche und männliche Dienstboten. Eine Magd erledigte z.B. die Küchenarbeit, sie musste waschen, putzen, beim Anziehen helfen oder auf die Kinder aufpassen. Ein Knecht kümmerte sich um die Pferde, musste Wasser holen, Holz hacken oder schwere Feldarbeit erledigen. Es gab auch Handwerker auf der Burg. Der Schmied beschlug die Pferde und reparierte Waffen. Der Zimmermann war für alle Arbeiten mit Holz zuständig. Der Steinmetz erledigte die Bauarbeiten, für die Steine benötigt wurden. Der Kaplan hielt die Gottesdienste ab und war oft der strenge Lehrer der Jungen. Bei ihm lernten sie das Lesen und Schreiben der lateinischen Sprache.

Lies genau nach und beantworte die Fragen im ganzen Satz, schreibe im Heft.

1. Welche Orte eigneten sich besonders für den Bau von Burgen?
2. Notiere zwei Gründe, warum Burgen gebaut wurden.
3. Wodurch wurde die Eroberung einer Burg erschwert?
4. Notiere, wie weibliche Dienstboten hießen und nenne drei Aufgaben.
5. Notiere, wie männliche Dienstboten hießen und nenne drei Aufgaben.
6. Nenne die Handwerksberufe, die im Text genannt werden.
7. Wer hatte auf der Burg auch Aufgaben eines heutigen Lehrers?
8. Wer lernte in welcher Sprache lesen und schreiben?
9. Ein Pferd benötigte neue Hufeisen – wer machte diese Arbeit?
10. Ein Stuhlbein war angebrochen – wer reparierte es?
11. Wer war oft der Lehrer auf einer Burg?
12. Eine Lanze ist zerbrochen, wer kann sie reparieren?

Lösungen zu den Fragen
1. Es eigneten sich hohe Berge, Inseln oder Flussufer für den Burgenbau.
2. Burgen wurden zum Schutz und zur Verteidigung gebaut.
3. Wassergräben und hohe Burgmauern erschwerten die Eroberung einer Burg.
4. Weibliche Dienstboten hießen Mägde, sie mussten Küchenarbeit erledigen, beim Anziehen helfen oder auf die Kinder aufpassen.
5. Männliche Dienstboten hießen Knechte, sie mussten Holz hacken, die Pferde versorgen und schwere Feldarbeit leisten.
6. Handwerksberufe waren Schmied, Zimmermann und Steinmetz.
7. Der Kaplan übernahm Aufgaben eines Lehrers.
8. Die Jungen lernten lesen und schreiben in lateinischer Sprache.
9. Der Schmied fertigte Hufeisen.
10. Der Zimmermann reparierte das Stuhlbein.
11. Der Kaplan war der Lehrer.
12. Der Schmied repariert die Lanze.

Kleiner Drache

1) Lies zuerst genau, male die Figur dann an.
Dieser Flugdrache hat einen grasgrünen Kopf und einen grasgrünen Körper mit pechschwarzen Füßen. Seine Flügel sind sonnengelb. Die Hörner, die Augen, die Zunge und die beiden messerscharfen Eckzähne sind blutrot. Die Rückenzacken sehen himmelblau aus. Seine Unterseite hat vom Hals bis zum Schwanzende Streifen, abwechselnd mausgrau und schneeweiß.

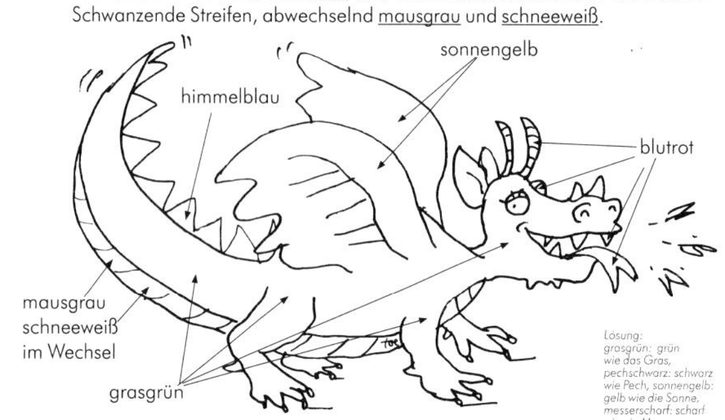

2) Unterstreiche 8 verschiedene zusammengesetzte Adjektive.
Beispiel für ein zusammengesetztes Adjektiv: blitzschnell

3) Notiere die unterstrichenen Adjektive, schreibe wie im Beispiel.
blitzschnell: schnell wie der Blitz

Lösung: grasgrün: grün wie das Gras, pechschwarz: schwarz wie Pech, sonnengelb: gelb wie die Sonne, messerscharf: scharf wie ein Messer, blutrot: rot wie Blut, himmelblau: blau wie der Himmel, mausgrau: grau wie eine Maus, schneeweiß: weiß wie Schnee

Drachen

4-Tage-Training

1) Verbinde Sätze mit ähnlicher Bedeutung und schreibe die Sätze von Spalte zwei geordnet ins Heft.

1. Heute weiß jedes Kind, dass Drachen Fabelwesen sind.	Diese Tiere haben sich Mensche ausgedacht.
2. Es sind Tiere, die in der Fantasie der Menschen entstanden sind.	In unserer Zeit wissen alle Kinde dass es keine Drachen gibt.
3. Ihr Aussehen gleicht bis heute oft dem eines Flugsauriers.	Für Japaner und Chinesen ist d Drache auch heutzutage noch Glücksbringer, der Gutes tut.
4. In Japan oder China gilt der Drache bis heute als wohltätiges Wesen und ist Symbol für das Glück.	Ein Drache hat Ähnlichkeit mit einem fliegenden Saurier.
5. In sehr alten Geschichten aus Europa sind Drachen stark und mächtig mit bösen Eigenschaften.	In solchen Erzählungen zeigen mutige Ritter, dass sie keine An haben und Drachen besiegen können.
6. In vielen dieser Sagen kämpften und siegten mutige und unerschrockene Ritter gegen Drachen.	In europäischen Sagen werder Drachen als böse, starke und mächtige Tiere dargestellt.

Lösung der geordneten Sätze von Spalte 2:
In unserer Zeit wissen alle Kinder, dass es keine Drachen gibt. Diese Tiere haben sich Menschen ausgedacht. Ein Drache ha Ähnlichkeit mit einem fliegenden Saurier. Für Japaner und Chinesen ist der Drache auch heutzutage noch ein Glücksbringer Gutes tut. In europäischen Sagen werden Drachen als böse, starke und mächtige Tiere dargestellt. In solchen Erzählungen mutige Ritter, dass sie keine Angst haben und Drachen besiegen können.

2) Lies in Aufgabe 1 nach und notiere die Antworten in ganzen Sätzen im Hef
- **Erkläre das Wort „Fabelwesen".**
- **Mit welchem Tier hat ein Drache Ähnlichkeit?**
- **Erkläre den Wesensunterschied zwischen der europäischen und der japanischen Darstellung eines Drachens.**
- **Welchen Inhalt hatten viele Sagen, die von Drachen handelten?**

Lösung:
- Fabelwesen sind Tiere, die in der Fantasie der Menschen entstanden sind.
- Ein Drache hat Ähnlichkeit mit einem fliegenden Saurier.
- In Japan sind Drachen Glücksbringer, in Europa haben Drachen böse Eigenschaften.
- In Sagen besiegen mutige Ritter böse Drachen.

3) Kreuze nur richtige Aussagesätze an und schreibe diese in dein Heft.

- (x) Drachen sind erdachte Lebewesen.
- ( ) Drachen sind vor langer Zeit ausgestorben.
- ( ) Sie haben viel Ähnlichkeit mit Flugzeugen.
- (x) Ihr Körperbau erinnert an fliegende Saurier.
- ( ) Drachen sind ängstliche und bescheidene Tiere.
- (x) Drachen werden in Europa meist bösartig dargestellt.
- ( ) In China und Japan haben Drachen immer Glück.
- (x) In China und Japan gelten Drachen als Glücksbringer.
- ( ) In Sagen besiegen die Drachen erschrockene Ritter.
- (x) Viele Sagen schildern siegreiche Ritterkämpfe gegen Drachen.

4) In jedem Satz stehen zwei Nomen an der falschen Stelle, unterstreiche sie und notiere die richtig formulierten Sätze im Heft.

Für Drachen sind Europäer Fabelwesen.
Die Geschichten glaubten an die Menschen von Rittern und Drachen.
In vielen Sagen konnten Feuer Drachen spucken.
Höhlen lebten in Drachen.
Drachen wurden von bösartigen Burgen bedroht.
Wer die Bedrohung von der Burg durch den Drachen befreite, bekam oft die Tochter des Burgherrn zur Frau.
Ungeheuer bewiesen ihren Mut, wenn sie auszogen, um solche Ritter zu besiegen.
Nicht nur in Sagen, sondern in vielen alten Heldentaten wird von solchen Gedichten erzählt.

Lösung der geänderten Sätze:
Für Europäer sind Drachen Fabelwesen. Die Menschen glaubten an die Geschichten von Rittern und Drachen. In vielen Sagen konnten Drachen Feuer spucken. Drachen lebten in Höhlen. Burgen wurden von bösartigen Drachen bedroht. Wer die Burg von der Bedrohung durch den Drachen befreite, bekam oft die Tochter des Burgherrn zur Frau. Ritter bewiesen ihren Mut, wenn sie auszogen, um solche Ungeheuer zu besiegen. Nicht nur in Sagen, sondern in vielen alten Gedichten wird von solchen Heldentaten erzählt.

Das kleine Gespenst

Lernkor

So heißt ein Buch von Otfried Preußler, der 1923 geboren wurde und auc die Bücher von der kleinen Hexe, dem kleinen Wassermann oder dem Rä Hotzenplotz geschrieben hat. Stets erleben diese Fantasiefiguren tolle Abenteuer. Das kleine Gespenst erwacht auf der Burg Eulenstein eines Tages zur Mittagszeit, weil die Rathausuhr falsch geht. Von einem Sonnenstrahl getroffen wird es schwarz und stiftet viel Aufregung in der Stadt Eulenberg. Erst als der gute Freund, ein Uhu, den richtigen Rat weiß, wird das kleine Gespenst wieder weiß und kann auch wieder zur Geisterstunde um Mitternacht spuken.

1) Notiere Namen und Geburtsjahr des Schriftstellers.

Otfried Preußler, 1923

2) Notiere die genannten Fantasiefiguren.

die kleine Hexe, der kleine Wassermann, Räuber Hotzenplotz, das kleine Gespenst

3) Zu welcher Zeit spukt das kleine Gespenst normalerweise?

Es spukt normalerweise zur Geisterstunde um Mitternacht.

4) Notiere a) den Namen der Stadt, b) den Namen der Burg.

a) Eulenberg b) Eulenstein

Streiche falsche Wörter, sodass passende Aussagen entstehen.

Die ~~Turmuhr~~ Rathausuhr ~~Kirchenuhr~~ weckt das kleine Gespenst.
Das kleine Gespenst ist normalerweise ~~rot grün~~ weiß ~~schwarz~~.
Ein Sonnenstrahl färbt das kleine Gespenst ~~weiß rot~~ schwarz ~~grün~~.
Ein Uhu ist der ~~Nachbar~~ Freund ~~Feind~~ vom kleinen Gespenst.
Die Geisterstunde ist um ~~10 Uhr 12 Uhr~~ 0 Uhr ~~19 Uhr~~.

Das konnte ich ☺ 😐

Du erreichst ___ von 13 Pun